DISCUSSIONS

SUR LA LIBERTÉ

DE LA PRESSE.

DE L'IMPRIMERIE STÉRÉOTYPE DE LAURENS AÎNÉ,
RUE DU POT-DE-FER, N°. 14.

DISCUSSIONS SUR LA LIBERTÉ DE LA PRESSE,

LA CENSURE, LA PROPRIÉTÉ LITTÉRAIRE, L'IMPRIMERIE ET LA LIBRAIRIE,

QUI ONT EU LIEU DANS LE CONSEIL D'ÉTAT, PENDANT LES ANNÉES 1808, 1809, 1810 et 1811.

RÉDIGÉES ET PUBLIÉES

PAR M. LE BARON LOCRÉ,

Ancien Secrétaire-général du Conseil d'État, Officier de la Légion d'Honneur, Avocat à la Cour royale.

PARIS,

GARNERY, Libraire, rue du Pot-de-Fer, n°. 14.
H. NICOLLE, rue de Seine, n°. 12.

MDCCCXIX.

AVERTISSEMENT.

La discussion qui va s'engager me détermine à tirer de mon volumineux porte-feuille le manuscrit que je mets au jour. Il pourra donner des renseignemens utiles, car lorsqu'on entreprend de traiter une question difficile et importante, la connoissance de la manière dont elle l'a déjà été n'est pas à dédaigner : elle indique du moins le point de départ.

Du reste, je ne me constitue le juge d'aucune des opinions que ce livre renferme, je ne veux m'en rendre ni l'apologiste, ni le censeur. Je ne suis qu'historien.

DISCUSSIONS

QUI ONT EU LIEU DANS LE CONSEIL D'ÉTAT PENDANT LES ANNÉES 1808, 1809, 1810 ET 1811,

SUR

LA LIBERTÉ DE LA PRESSE,

LA CENSURE, LA PROPRIÉTÉ LITTÉRAIRE, L'IMPRIMERIE ET LA LIBRAIRIE.

SÉANCE

Du 26 *août* 1808, *tenue à Saint-Cloud.*

MONSIEUR le comte REGNAUD, au nom de la section de l'intérieur, présente deux projets de décrets sur l'organisation de l'imprimerie et de la librairie, proposés, l'un par le ministre de l'intérieur, l'autre par le ministre de la police.

Il ajoute que, pour faciliter la discussion, la section a cru devoir réduire en plusieurs séries de questions les principes des projets.

Ces questions sont ainsi conçues :

Ire. Série. *Des imprimeurs et libraires.*

1re. Question. Formera-t-on une corporation des imprimeurs et libraires?

2e. Limitera-t-on le nombre des imprimeurs, soit en les fixant selon la population des villes, soit en ne permettant pas qu'il s'en établisse sans une autorisation du gouvernement.

3e. En sera-t-il de même des libraires?

4e. Seront-ils soumis à un examen de capacité?

5e. Paieront-ils un cautionnement?

En ce cas, quel en sera le *maximum*, le *minimum*;

Pour les imprimeurs,

Pour les libraires?

IIe. Série. *De l'impression des ouvrages.*

1re. Toute impression ou réimpression d'un ouvrage devra-t-elle être soumise à une déclaration préalable devant l'administration?

2e. Y aura-t-il un examen ou censure des ouvrages imprimés?

5e. Cette censure sera-t-elle obligée ou facultative?

4e. Si, après un examen ou une censure et l'autorisation d'imprimer, l'ouvrage est arrêté ou prohibé, l'auteur ou l'imprimeur auront-ils une indemnité?

Cette indemnité sera-t-elle à la charge du gouvernement?

5e. Y aura-t-il un mode d'examen particulier pour quelques genres d'ouvrages; par exemple, pour les ouvrages qui traiteront de l'art militaire, pour les catéchismes, livres d'églises, etc.?

6e. Y aura-t-il un timbre sur chaque exemplaire de l'ouvrage, pour garantir l'approbation de l'administration ?

7e. Ce timbre sera-t-il payé ou gratuit ?

8e. Les propositions d'ouvrages par souscription devront-elles être soumises préalablement à l'examen du gouvernement, pour s'assurer des moyens de l'entrepreneur ?

IIIe. Série. *Des livres étrangers.*

1re. L'entrée des livres imprimés en français, à l'étranger, sera-t-elle permise librement pour tout le monde ;

Ou pour quelques personnes seulement ;

Ou avec autorisation préalable du ministre de l'intérieur;

Ou en payant des droits d'entrée ?

2e. Les livres pourront-ils entrer en France par tous les bureaux de douanes, ou seulement par quelques-uns, tels que Genève, Verceil, Mayence, Strasbourg, Anvers, Calais, Bayonne, etc.

Mêmes questions pour les ouvrages en langues étrangères?

IVe. Série. *Du droit de propriété.*

1re. L'auteur d'un ouvrage aura-t-il le droit de propriété pendant sa vie;

Ou le transmettra-t-il à ses héritiers?

2 Le transmettra-t-il pour toujours ou pour un temps ?

S'il n'a pas d'héritiers, le transmettra-t-il à sa veuve ?

2e. Quand l'ouvrage aura cessé d'être propriété particulière, sera-t-il libre à tout imprimeur d'en faire des éditions?

Le pourra-t-il sans rien payer,

Ou en payant un droit?

3e. Si l'on paie un droit, sera-t-il employé en encouragement pour les lettres, les sciences et les arts ;

En pensions, aux gens de lettres, savans, artistes, imprimeurs, libraires?

4e. Le premier éditeur ou traducteur qui fera imprimer en France un ouvrage fait et imprimé à l'étranger, aura-t-il le même droit que l'auteur d'un ouvrage?

Comment sera constatée sa propriété?

Ve. Série. *De la circulation des livres en France.*

1re. Les ballots de livres entrant en France ou circulant dans l'intérieur devront-ils être marqués d'un timbre particulier, à l'entrée en France, ou au départ d'une expédition dans l'intérieur, ou à l'étranger?

2e. Quelle sera la peine? ---Qui chargera-t-on de constater les contraventions?

VIe. Série. *De l'administration et de la police de l'imprimerie et de la librairie.*

1re. Y aura-t-il une administration particulière chargée de la surveillance des imprimeurs, des libraires, des colporteurs, des fondeurs, des graveurs, et de proposer pour eux des statuts?

2e. Sous quel département du ministère sera cette administration?

3e. Y aura-t-il à sa tête, sous le ministre, un conseiller-d'état directeur-général?

4e. Y aura-t-il des administrateurs surveillans avec le directeur-général?

5e. Y aura-t-il des arrondissemens territoriaux formant une direction? Y aura-t-il, dans chaque arrondissement, des inspecteurs et sous-inspecteurs?

6e. Y aura-t-il à Paris une chambre syndicale remplaçant les administrateurs ?

Et, dans les départemens, des syndics remplaçant les directeurs, inspecteurs et sous-inspecteurs ?

VIIe. Série. *Des actions, des poursuites et des peines.*

1re. En cas de refus d'approbation d'un ouvrage, ou de saisie après sa publication, l'auteur, imprimeur ou éditeur pourra-t-il se pourvoir contre le refus ou la décision de l'administration ou du ministère, au conseil d'Etat ?

2e. Les poursuites contre les prévenus de contrefaçons, contraventions ou attentats aux droits des auteurs, pourront-elles être exercées d'office par l'administration ou ses agens, ou par les chambres syndicales ?

Et, en ce cas, auront-ils une portion ou la totalité des dommages-intérêts restant aux auteurs ou propriétaires ?

3e. Changera-t-on la nature des peines, la quotité des amendes établies par les lois actuelles ?

4e. Quel tribunal prononcera ces peines ?

5e. Y aura-t-il des peines particulières contre les auteurs d'ouvrages contre l'État, la religion ou les mœurs ?

6e. Quel tribunal prononcera ces peines ?

7e. Y aura-t-il une peine contre les calomniateurs ou auteurs de libelles contenant injures ou diffamation contre les particuliers ?

8e. Quel tribunal la prononcera ?

N***. dit que les questions principales sont celles de la seconde série; qu'il convient donc de les discuter d'abord.

Les questions de la 2e. série sont soumises à la discussion.

N***. reprend et dit qu'il s'agit de savoir s'il y aura une censure, ou si la presse sera indéfiniment libre.

Pour résoudre cette question, il faut examiner s'il est des écrits dont il soit nécessaire ou utile d'arrêter la publication.

Et d'abord l'autorité doit-elle empêcher ceux qui sont dirigés contre les particuliers ?

Non : ces sortes d'écrits n'intéressent pas l'État : il faut les placer dans la classe des injures qui peuvent être faites à des particuliers de toute autre manière, ouvrir à l'offensé le recours devant les tribunaux, et établir par le code pénal des peines contre la diffamation.

En second lieu, doit-on prévenir la publication des écrits dirigés contre l'État ?

Oui ; parce que ces écrits sont toujours plus ou moins sensiblement des provocations qui ont pour objet de troubler l'ordre public.

Enfin, l'autorité arrêtera-t-elle les écrits qu'on prétendrait offenser la religion ?

Un censeur ordinaire n'oserait prononcer sur ces matières métaphysiques. Il faudrait donc soumettre ces écrits à une assemblée de théologiens; et alors on aurait à craindre que cette assemblée, prétendant la religion intéressée dans des écrits qui n'ont réellement rien de commun avec elle, n'étouffât la manifestation de vérités utiles.

En général, il convient de laisser chacun développer ses idées, fussent-elles extravagantes. Souvent une découverte importante paraît, à sa naissance, avoir ce caractère. On la perdrait si l'on donnait des entraves à ses auteurs. Il y a de ceci beaucoup d'exemples, et principalement dans la médecine.

Au reste, rien ne serait capable d'empêcher les ouvrages contre la religion de se répandre, s'ils étaient dans le goût du siècle; mais si, comme aujourd'hui, le siècle repousse la folie et l'incrédulité, ces ouvrages cessent d'être dangereux.

Qu'on laisse donc écrire librement sur la religion, pourvu qu'on n'abuse pas de cette liberté pour écrire contre l'État.

Mais, en établissant une censure renfermée dans ces limites, l'exercice en doit être confié à un corps de magistrats, et non à la police. La police est un moyen extrême qu'on ne doit pas employer dans la marche habituelle de l'administration, et quand, comme ici, il s'agit d'une propriété.

M. le comte Treilhard pense que toute censure pour arrêter l'impression des ouvrages dangereux est inutile; qu'elle n'empêchera jamais d'imprimer et de distribuer ces ouvrages en secret; qu'elle n'aura d'autre résultat que de leur donner plus de vogue et d'en faire augmenter le prix.

Il semble à l'opinant qu'on doit se borner à forcer l'auteur à signer son livre. Si le livre attaque des particuliers, l'offensé aura son recours devant les tribunaux. S'il attaque l'État, le ministère public pourra poursuivre l'auteur.

Cependant, en supposant qu'on veuille établir une censure, on aura à décider si l'examen précédera ou suivra la publication du livre.

S'il précède, il est à craindre que des censeurs méticuleux, qui craindraient de se compromettre et qui n'auraient pas le loisir d'examiner avec soin cette foule de livres qu'on voit chaque jour éclore, ne prennent le parti d'interdire la publication du plus grand nombre. Il paraîtrait donc préférable de ne soumettre les ouvrages au jury qu'après l'impression, en l'autorisant à prononcer sur les réclamations qui pourraient survenir contre leur publicité.

N*** dit qu'aucun imprimeur n'oserait se charger d'un ouvrage, s'il avait à en craindre la suppression après que ses dépenses seraient faites.

M. le comte Treilhard répond que, dans tous les cas, il y a des chances à courir.

M. le comte Regnaud dit que ce n'est pas par des livres volumineux que le poison se répand rapidement, mais par les petites feuilles journalières ; que ce n'est que contre ces sortes d'écrits que des mesures promptes sont nécessaires.

Au surplus, on ne gagnerait rien à empêcher l'impression d'un ouvrage en France ; car l'auteur le ferait imprimer chez l'étranger.

N*** dit que ce que M. le comte Treilhard demande existe maintenant. La police arrête le débit des ouvrages dangereux ; et jusqu'ici elle a eu, sur ce point, une influence incalculable. Mais c'est cet arbitraire même qu'on veut faire cesser. Il ne faut pas qu'on puisse supprimer par une simple décision un livre déjà imprimé.

M. le comte Treilhard répond que nos lois offrent des moyens d'atteindre juridiquement les auteurs de livres dangereux, dans leur personne et dans leurs ouvrages. Elles punissent la tentative du crime : or, ce caractère convient évidemment au fait de quiconque écrit contre l'État. Il désirerait que la police dénonçât aux tribunaux tout livre qu'elle regarde comme nuisible.

M. le comte Réal dit qu'il convient de mettre un terme à l'arbitraire, et que, puisqu'il existe une commission sénatoriale pour maintenir la liberté de la presse, on doit aussi former une commission qui en empêche l'abus.

M. le comte de Ségur dit qu'un mauvais écrit ne doit pas toujours être regardé comme tentative de crime ; un auteur peut être dangereux sans le vouloir : il se peut qu'il n'aperçoive pas les mauvais effets que son ouvrage est capable de produire. La règle que propose M. le comte Treilhard n'est donc pas parfaitement exacte. Elle aurait de plus l'inconvénient d'empêcher les imprimeurs, intimidés, d'entreprendre aucune impression.

Le système qui a été proposé à l'ouverture de la séance est bien plus simple et plus juste : il tend à avertir les écrivains des erreurs dans lesquelles ils sont tombés et à prévenir le délit au lieu de le punir.

M. le comte Regnaud dit que certainement un auteur peut ignorer les circonstances qui rendent son livre dangereux. Il y a plus : un changement de circonstances qui survient inopinément peut rendre l'ouvrage utile; par exemple, ce serait souvent blesser l'intérêt de l'État que d'écrire contre une nation avec laquelle il est en paix ;

mais si la guerre s'allume, l'État peut au contraire avoir intérêt à ce qu'on démasque ses ennemis.

Au reste, M. le comte Regnaud ne demande pas que le jury puisse se faire représenter les manuscrits qu'on ne voudra pas lui soumettre, qu'il puisse, d'office, en défendre l'impression; il demande qu'on laisse les auteurs libres de recourir à l'examen, au risque, s'ils ne prennent pas cette garantie, de voir leurs ouvrages supprimés, lorsqu'après l'impression, ils seront jugés répréhensibles.

N*** dit que les imprimeurs réclament avec raison une sûreté, et qu'il est juste de la leur accorder.

Il peut se faire qu'un écrivain qui voit mal, compose un livre dangereux sans avoir d'intention criminelle, et alors il n'est pas punissable, mais son livre doit être supprimé. Cependant les imprimeurs, qui ignorent si les ouvrages sortis de leurs presses ne contiennent rien de répréhensible, n'osent pas imprimer : on doit leur offrir un moyen de sortir de cet état d'incertitude.

En conséquence, l'opinant admet la censure facultative, en accordant aux parties la faculté de se pourvoir au conseil d'Etat dans les formes établies pour les affaires contentieuses, contre les décisions du tribunal de censure.

L'opinant pense aussi que, lorsqu'on arrête un ouvrage dont la publication a été autorisée, l'imprimeur doit être indemnisé.

M. le comte Boulay propose de décider :

Que tout imprimeur qui voudra imprimer un ouvrage sera obligé d'en faire la déclaration;

Que le tribunal de censure pourra se faire apporter le manuscrit;

Que si, dans un délai fixe, le tribunal ne le demande pas, ou si, après l'avoir demandé, il n'interdit pas l'impression, également dans un certain délai, l'auteur et l'imprimeur seront en sûreté.

M. le comte Berlier dit que ce système conduirait insensiblement à la censure forcée; car le tribunal, dans la crainte de laisser passer un seul ouvrage dangereux, se les ferait tous représenter.

M. le comte Defermon ne voudrait pas que le tribunal donnât une permission expresse, parce qu'il serait inconvenant de l'accorder pour des ouvrages qui contiendraient des idées frivoles ou hasardées, et dont cependant la publication ne doit pas être arrêtée; mais que la permission résultât de cela même que le tribunal ne défend pas l'impression.

N*** renvoie à l'examen de la section les observations et les propositions qui ont été faites.

On revient à la Ire Série de questions.

La discussion est ouverte sur la première question.

M. le comte Regnaud dit que la solution dépend de celle qui interviendra sur les questions 3 et 4; qu'à son égard il pense que le nombre des imprimeurs et des libraires doit être limité, et qu'il ne faut admettre à exercer ces professions que ceux qui en auront été jugés capables; car c'est détériorer l'art que d'autoriser quiconque prend une patente à s'ériger en imprimeur, se fût-il-jusque-là adonné aux professions qui sont le plus étrangères à l'imprimerie.

M. le comte Réal dit qu'il convient de distinguer entre les imprimeurs et les libraires, et de limiter le nombre des premiers, non pour maintenir l'art, lequel ne dépérit pas en France, mais pour faciliter et assurer l'action de la police.

Quant aux libraires, on peut bien, sans en limiter le nombre, empêcher que celui qui jusque-là s'est livré à une profession différente, n'embrasse subitement celle-là. Il suffit d'établir des conditions d'admission.

M. le comte Regnaud persiste à penser que le nombre des libraires doit être limité, attendu que beaucoup de personnes se sont jetées dans cette profession sans la connaître et sans en calculer les suites; qu'en conséquence les libraires se sont tellement multipliés qu'il ne reste pas à chacun des moyens suffisans de subsistance, et que, ce commerce étant mal conduit, la France perd l'avantage qu'il lui donnait chez l'étranger.

Au reste M. Regnaud ne parle que pour l'avenir ; il ne propose pas de réduire le nombre actuel des libraires ; car il ne faut ôter à personne l'état qu'il a pris sur la foi de la législation existante.

Les diverses questions de la première série sont successivement mises aux voix.

Le Conseil arrête :

1°. Que les imprimeurs et les libraires formeront une corporation ;

2°. Que le nombre des uns et des autres sera illimité;

3°. Qu'ils seront soumis à un examen ;

4°. Qu'ils ne paieront pas de cautionnement.

M. le comte Regnaud appelle l'attention du conseil sur la question deuxième de la seconde série. Il dit que cette question a été présentée d'après la proposition du ministre, et que c'est la seule de la même série dont le conseil ne se soit pas occupé.

La question est mise aux voix.

LE CONSEIL décide qu'il ne sera pas apposé de timbre sur chaque exemplaire des ouvrages, pour garantir l'approbation de l'administration.

La discussion est continuée à une autre séance.

SÉANCE

Du 2 septembre 1808, *tenue au palais de Saint-Cloud.*

On reprend la discussion des questions sur l'imprimerie et la librairie, présentées dans la séance du 26 août 1808.

MM. les comtes Regnaud et de Ségur rappellent le système auquel on paraît s'être arrêté dans la dernière séance relativement à la censure des ouvrages, quoique ce système n'ait pas été mis aux voix.

La proposition d'accorder une indemnité aux imprimeurs dont les livres qui, après avoir subi l'examen de la censure, seront arrêtés comme contraires à l'intérêt de l'État, est la seule qui paraisse susceptible d'être contestée, attendu que la crainte d'augmenter les dépenses publiques pourrait porter à une indulgence quelquefois funeste.

N*** dit qu'il est nécessaire de donner une entière sûreté aux imprimeurs.

Les questions suivantes sont successivement mises aux voix et décidées.

1. Tous les livres qui paraîtront, seront-ils nécessairement et forcément soumis à la censure?

Le Conseil prononce négativement.

La presse sera-t-elle indéfiniment libre?

Le Conseil prononce la négative.

Y aura-t-il un tribunal de censure qui jugera les ouvrages qui lui seront spontanément soumis?

Cette question est résolue affirmativement.

Ce tribunal pourra-t-il procéder à l'examen des livres d'office et sans qu'il lui soient volontairement présentés?

Cette question est écartée, comme inutile à raison des décisions qui sont intervenues sur les questions précédentes.

La troisième série de questions est soumise à la discussion.

Le Conseil arrête :

1°. Que les livres imprimés dans l'étranger ne pourront être introduits en France que d'après une permission du ministre de l'intérieur, donnés sur l'avis du tribunal de censure et par les bureaux des douanes qui seront indiqués ;

2°. Que ces livres seront assujétis à des droits ;

3°. Qu'ils pourront être saisis dans la circulation, toutes les fois qu'ils ne seront pas marqués d'une estampille destinée à indiquer que la permission a été accordée et le droit acquitté.

On passe à la discussion des questions de la quatrième série.

N*** demande quelle est la législation actuelle sur la première question.

M. le comte Regnaud rappelle les dispositions de la loi du 19 juillet 1793, qui assure la propriété des ouvrages à l'auteur pendant toute sa vie, à sa veuve et à ses héritiers, pendant dix ans après sa mort.

N*** dit que la perpétuité de la propriété dans les familles des auteurs, aurait des inconvéniens. Une propriété littéraire est une propriété incorporelle, qui, se trouvant dans la suite des temps et par le cours des successions, divisée entre une multitude d'individus, finirait, en quelque sorte, par ne plus exister pour personne; car, comment un grand nombre de propriétaires, souvent éloignés les uns des autres, et qui, après quelques générations, se connaissent à peine, pourraient-ils s'entendre et contribuer pour réimprimer l'ouvrage de leur auteur commun? Cependant s'ils n'y parviennent pas, et qu'eux seuls aient le droit de le publier, les meilleurs livres disparaîtront insensiblement de la circulation.

Il y aurait un autre inconvénient non moins grave; le progrès des lumières serait arrêté, puisqu'il ne serait plus permis ni de commenter ni d'annoter les ouvrages, les gloses, les notes, les commentaires ne pouvant être séparés d'un texte qu'on n'aurait pas la liberté d'imprimer.

D'ailleurs, un ouvrage a produit à l'auteur et à ses héritiers tout le bénéfice qu'ils peuvent naturellement en attendre, lorsque le premier a eu le droit exclusif de le vendre pendant toute sa vie, et les autres pendant les dix ans qui suivent sa mort.

Cependant, si l'on veut favoriser davantage encore la veuve et les héritiers, qu'on porte leur propriété à vingt ans.

. . . .

Le Conseil arrête :

Que les dispositions de la loi du 19 juillet 1793, relatives à la propriété des ouvrages, seront maintenues avec la modification, qu'elle appartiendra aux héritiers pendant vingt ans depuis la mort de l'auteur.

M. le comte Regnaud demande s'il sera permis aux imprimeurs d'imprimer les lois et les autres actes de l'autorité publique, ou si l'imprimerie impériale doit seule en avoir le privilége.

L'Archichancelier dit que de tout temps les imprimeurs ont joui de cette faculté, et qu'avant, comme depuis la révolution, on a vu des établissemens très-considérables qui n'étaient alimentés que par ce genre de commerce; qu'il serait, au surplus, très-incommode pour le public et surtout pour les citoyens des départemens, de ne pouvoir tirer que d'un lieu central les exemplaires dont ils ont besoin.

Le Conseil arrête :

Que l'impression et le débit des lois et autres actes des autorités publiques continueront d'être libres.

Les propositions qui ont été arrêtées ainsi que le surplus des questions, sont renvoyés à la section pour présenter un projet.

SÉANCE

Du 9 septembre 1808, tenue à Saint-Cloud.

M. le comte Regnaud, d'après le renvoi fait à la section de l'intérieur, dans la séance du 2 septembre, présente un projet de décret relatif à l'organisation de l'imprimerie et de la librairie.

Ce projet est ainsi conçu :

TITRE Ier.

Organisation de l'imprimerie et de la librairie.

SECTION Ire.

Dispositions générales.

Art. 1er. A compter du 1er janvier prochain, nul ne pourra exercer la profession d'imprimeur ou libraire, sans avoir, 1°. fait la déclaration de son département ; 2°. subi un examen de capacité ; 3°. obtenu une autorisation spéciale du préfet de son département, visée et enregistrée aux ministères de l'intérieur et de la police.

2. La profession de libraire pourra être cumulée avec celle d'imprimeur, sous la seule condition d'en faire sa déclaration.

3. Tout individu qui exercerait la profession d'imprimeur ou libraire sans avoir rempli les conditions exigées par l'article 1er, sera traduit au tribunal correctionnel, puni d'une amende de 2,000 fr. au plus, de confiscation des presses, caractères, ustensiles, impressions et livres, et même, si le cas y échet, d'une détention qui ne pourra excéder deux ans.

4. Les officiers de police ont le droit d'entrer et visiter en tout temps les ateliers, boutiques et magasins des imprimeurs et libraires.

SECTION II.

De la police de la librairie et imprimerie.

5. Les imprimeurs et libraires de tous les départemens où ils seront au nombre de douze, seront réunis en compagnie par département, et nommeront un syndic et deux adjoints au moins, quatre au plus.

6. S'il n'y en a pas douze dans un département, on en réunira plusieurs pour former un syndicat.

7. Les syndics tiendront un registre de tous les imprimeurs et libraires de leur syndicat, et seront chargés de correspondre avec les autorités administratives pour tout ce qui concerne leur profession, de donner leur avis et d'exécuter leurs ordres.

8. Chaque imprimeur ou libraire, indépendamment des livres à la tenue desquels il est obligé par le Code de commerce, sera tenu d'avoir un livre coté et paraphé par le préfet du département, où il inscrira le titre de chaque manuscrit qu'il imprimera ou donnera à imprimer avec le nom de l'auteur.

9. Les syndics ou adjoints, et tous officiers de police, auront le droit de se faire représenter ce livre, et de le viser quand bon leur semblera.

SECTION III.

Des examens.

10. Les examens seront faits par un conseiller ou inspecteur de l'université, le syndic de l'arrondissement, deux inspecteurs de l'imprimerie et librairie dont il sera parlé au titre IV, le procureur impérial du tribunal de première instance du chef-lieu du département, sous la présidence du préfet.

11. Les imprimeurs seront examinés sur la connaissance des langues latine et française, sur la lecture de la langue grecque, et sur les connaissances de leur art.

Les libraires seront examinés sur la connaissance de la langue française, la lecture des langues latine et grecque, et les connaissances utiles à leur profession.

TITRE II.

Du droit d'imprimer et de débiter des livres.

SECTION Ire.

Des formalités à remplir par les auteurs ou imprimeurs.

12. Chacun peut imprimer ou faire imprimer ce qu'il veut, en répondant, 1°. des injures faites ou préjudice porté aux particuliers; 2°. de ce qui peut nuire à la paix intérieure de l'Etat, à ses intérêts politiques, et aux mœurs.

13. La réparation des injures faites ou préjudice porté aux particuliers, sera poursuivie devant les tribunaux, sans que l'autorité publique puisse intervenir.

14. Le gouvernement pourra empêcher de publier ce qui sera nuisible à la paix intérieure de l'Etat, à ses intérêts politiques, et aux mœurs.

15. Nul ne pourra imprimer ou faire imprimer aucun ouvrage ou manuscrit, sans déclarer au préfet de son département et sans insérer en tête le titre de l'ouvrage et le nom de l'auteur ou celui de l'imprimeur. Le préfet en donnera sur-le-champ connaissance aux ministres de l'intérieur et de la police.

16. Le gouvernement pourra faire prendre communication des ouvrages donnés à l'impression, avant leur publication, et la prohiber, en tout état de cause, s'ils paraissent nuisibles à la paix intérieure ou aux intérêts politiques de l'Etat, ou aux mœurs.

SECTION II.

Du mode d'exercice de la surveillance par le gouvernement.

17. L'auteur ou l'imprimeur pourront, avant d'imprimer, présenter leur manuscrit pour faire examiner s'il ne seroit pas dans le cas prévu par l'article précédent.

18. Il y aura un collége de censure chargé de l'examen des manuscrits dans les cas prévus par les articles précédens.

19. Ce collége sera composé d'un président, de douze censeurs ayant voix délibérative, et de huit assesseurs chargés des rapports.

20. Le grand maître de l'université aura droit de séance à ce collége quand il le jugera convenable, avec voix délibérative.

21. Le collége des censeurs décidera aux deux tiers des voix : le président aura la prépondérance en cas de partage.

22. Quand le collége prohibera la publication d'un ouvrage, il ne le pourra qu'en le déclarant nuisible à la paix publique ou aux intérêts politiques de l'Etat ou aux mœurs, seuls rapports sous lesquels l'examen lui soit permis.

23. Les manuscrits présentés à l'examen par les auteurs ou imprimeurs, seront enregistrés au secrétariat du collége de censure, et il en sera donné *récépissé*.

Leur remise à l'auteur sans notification de prohibition, en autorisera suffisamment la publication, et ils ne pourront plus être prohibés par le collége.

24. Il y aura recours contre ses décisions au conseil d'État.

25. En ce cas, le président remettra au ministre de l'intérieur les motifs de sa décision, pour être joints à son rapport. L'auteur pourra remettre au secrétariat général du conseil d'État un mémoire apologétique manuscrit.

26. Le ministre de la police pourra aussi se pourvoir au conseil d'État contre les décisions du collége de censure : il y sera statué sur son rapport, en remplissant ce qui est prescrit à l'article précédent.

27. Les ouvrages publiés et signés par les membres de l'institut de France, ne seront pas soumis à l'inspection du collége de censure.

SECTION III.

Des livres imprimés à l'étranger.

28. Aucun livre en langue française ou latine, imprimé à l'étranger, ne pourra entrer en France sans payer un droit pour lequel il sera fait un tarif spécial, lequel ne pourra

être au-dessous de cinquante pour cent de la valeur de l'ouvrage.

29. Aucun livre en langue française ou étrangère ne pourra être introduit en France, sans une permission du ministre de l'intérieur, donnée sur l'avis du collége de censure, et annonçant le bureau des douanes par lequel il entrera.

30. En conséquence, tout ballot de livres venant de l'étranger, sera mis, par les préposés des douanes, sous corde et sous plomb, et envoyé à la préfecture la plus voisine.

31. Si les livres sont reconnus conformes à la permission, chaque exemplaire ou le premier volume de chaque exemplaire sera marqué d'une estampille à la préfecture du département, et ils seront remis au propriétaire.

TITRE III.

De la propriété et de sa garantie.

32. Le droit de propriété est garanti à l'auteur ou à sa veuve pendant leur vie, et à leurs enfans pendant vingt ans.

33. L'auteur peut céder son droit à un imprimeur ou libraire qui est alors substitué en son lieu et place, pour lui et ses ayans-cause, comme il est dit en l'article précédent.

34. L'individu qui aura fait le premier sa déclaration pour la traduction ou la publication d'un ouvrage imprimé et publié à l'étranger, jouira en France des droits d'auteur.

TITRE IV.

Des contraventions, de la manière de les constater et de les punir.

SECTION Ire.

Des contraventions, et des peines y applicables.

35. Il y a lieu à confiscation et amende au profit de l'Etat, dans les cas suivans :

1°. Si l'ouvrage est sans nom d'auteur ou d'imprimeur ;

2°. S'il est publié malgré la défense du collége de censure.

3°. S'il est imprimé à l'étranger, et est présenté à l'entrée sans permission, ou circule sans être estampillé.

4°. Si c'est une contrefaction, c'est-à-dire, si c'est un ouvrage imprimé sans le consentement et au préjudice de l'auteur ou de ses ayans-cause.

36. Dans ce dernier cas, il y a lieu en outre à des dommages-intérêts envers l'auteur ou ses ayans-cause, et l'édition ou les exemplaires contrefaits sont confisqués à son profit.

37. Les peines sont prononcées et les dommages-intérêts sont arbitrés par les tribunaux correctionnels.

38. L'amende sera de trois cents francs au moins et de trois mille francs au plus.

SECTION II.

De ceux qui pourront surveiller les contrevenans et dresser des procès-verbaux.

39. Il y aura huit inspecteurs de l'imprimerie et librairie, dont quatre sous les ordres et à la nomination du ministre

de la police, et quatre sous les ordres et à la nomination du ministre de l'intérieur.

40. Ces inspecteurs, tous les commissaires et agens légaux de police administrative ou judiciaire, les syndics et adjoints de la librairie, les préposés des douanes pour les livres venant de l'étranger, pourront constater toutes contraventions, faire toutes visites, saisies et procès-verbaux.

41. Les procureurs généraux ou impériaux seront tenus de poursuivre d'office dans tous les cas prévus à la section précédente, sur la simple remise des procès-verbaux dûment affirmés.

TITRE V.

Dispositions diverses.

42. Chaque imprimeur sera tenu de déposer à la préfecture de son département, cinq exemplaires de chaque ouvrage; savoir:

Un pour la bibliothèque impériale;

Un pour le ministre de l'intérieur;

Un pour celui de la police;

Un pour la chambre syndicale de son arrondissement;

Un pour le collége de censure.

43. Le produit des confiscations et amendes au profit de l'Etat, perçu par les agens du domaine, sera versé à la caisse de la police générale et affecté au paiement des inspecteurs de l'imprimerie et de la librairie.

44. Il sera statué par des réglemens particuliers sur ce qui concerne les fondeurs de caractères, les graveurs, relieurs, et autres parties de l'art ou du commerce de l'imprimerie et librairie, sur les rapports de nos ministres de l'intérieur et de la police.

Le projet ci-dessus est discuté.

L'article 1er est soumis à la discussion.

M. l'ARCHICHANCELIER demande si la section a entendu comprendre dans l'application de l'article les imprimeurs et les libraires actuels.

M. le comte REGNAUD répond qu'on n'a pas cru devoir faire d'exceptions, parce qu'il importe d'écarter ceux qui, dépourvus de ressources et de connaissances, dénaturent maintenant l'art et bouleversent une branche de commerce très-intéressante pour la France; que la proposition d'exiger d'eux un cautionnement qui eût éloigné les imprimeurs et les libraires sans consistance ayant été rejetée, la section a jugé utile de les soumettre à un examen, lequel aura aussi ce résultat.

M. l'ARCHICHANCELIER, dit qu'il importe cependant d'avoir égard à l'intérêt des familles. Dépossédera-t-on les hommes qui sur la foi de la législation ont embrassé la profession d'imprimeur ou de libraire, et qui l'exercent peut-être depuis quinze ans?

M. le comte REGNAUD, adopte l'amendement.

M. le comte RÉAL, parle sur l'ensemble du

projet. Il le trouve incomplet sous plusieurs rapports.

D'abord, on a décidé que les imprimeurs et les libraires seraient corporisés et subiraient un examen ; ce système mène certainement à rétablir l'apprentissage, sans lequel il ne faut pas espérer d'avoir de bons imprimeurs ni de bons libraires : or, le projet n'en parle pas.

Ensuite, il est impossible de soumettre aux mêmes conditions les imprimeurs et les libraires: les premiers, doivent avoir bien plus de connaissances que les derniers.

Il faudrait même comprendre dans le projet les fondeurs de caractères, et leur donner des réglemens.

Le Conseil arrête,

Qu'il sera fait des distinctions entre les imprimeurs et les libraires, et établi des règles différentes pour les uns et les autres.

Le projet est renvoyé à la section, pour présenter une rédaction nouvelle, conforme aux observations faites dans le cours de la séance.

SÉANCE

Du 11 avril 1809, tenue au palais des Tuileries.

M. le Comte Regnaud présente une nouvelle rédaction du projet de décret relatif à l'organisation de l'imprimerie et de la librairie.

Le Projet est ainsi conçu :

TITRE Ier.

Organisation de l'imprimerie et de la librairie.

SECTION Ire.

Dispositions générales.

Art. 1er. A compter du 1er janvier prochain, nul ne pourra exercer la profession d'imprimeur ou libraire, sans avoir, 1°. fait la déclaration de son intention au préfet de son département ; 2°. subi un examen de capacité ; 3°. obtenu une autorisation spéciale du préfet de son département ; visée et enregistrée aux ministères de l'intérieur et de la police.

2. Les deux professions seront distinctes et auront des réglemens séparés.

Néanmoins la profession de libraire pourra être cumulée avec celle d'imprimeur, sous la seule condition d'en faire sa déclaration, et d'observer les doubles règles qui seront établies.

3. Tout individu qui exerceroit la profession d'imprimeur ou libraire sans avoir rempli les conditions exigées par l'art. 1er, sera traduit au tribunal correctionnel, puni d'une amende de 2000 fr. au plus, de confiscation des presses, caractères, ustensiles, impressions et livres, et même, si le cas y échet, d'une détention qui ne pourra excéder deux ans.

4. Tout imprimeur ou libraire qui aura fait faillite, ou qui aura été condamné trois fois pour contravention aux lois et réglemens touchant la librairie, pourra être privé de l'exercice de sa profession par décision du ministre de l'intérieur ou de la police, sauf le recours au conseil d'état.

5. Les officiers de police ont le droit d'entrer et visiter en tout temps les ateliers, boutiques et magasins des imprimeurs et libraires.

SECTION II.

De la police de la librairie et imprimerie.

6. Les imprimeurs et libraires de tous les départemens où ils seront au nombre de douze, seront réunis en compagnie par département, et nommeront un syndic et deux adjoints au moins, quatre au plus.

7. S'il n'y en a pas douze dans un département, on en réunira plusieurs pour former une compagnie et nommer un syndic.

8. La compagnie des libraires et imprimeurs de Paris rédigera des projets de réglement.

9. Les syndics tiendront un registre de tous les imprimeurs et libraires de leur syndicat, et seront chargés de correspondre avec les autorités administratives pour tout ce qui concerne la police de leur profession, de donner leur avis et d'exécuter leurs ordres.

10. Chaque imprimeur ou libraire, indépendamment des livres à la tenue desquels il est obligé par le Code de commerce, sera tenu d'avoir un livre coté et paraphé par le préfet du département, où il inscrira le titre de chaque manuscrit qu'il imprimera ou donnera à imprimer, avec le nom de l'auteur.

11. Les syndics ou adjoints, et tous officiers de police, auront le droit de se faire représenter ce livre, et de le viser quand bon leur semblera.

SECTION III.

Des examens.

12. Les examens seront faits par un conseiller ou inspecteur de l'université, le syndic de l'arrondissement, deux inspecteurs de l'imprimerie et librairie dont il sera parlé au titre IV, le procureur impérial du tribunal de première instance du chef-lieu du département, sous la présidence du préfet.

13. Les imprimeurs seront examinés sur la connaissance des langues latine et française, sur la lecture de la langue grecque, et les connaissances de leur art.

Les libraires seront examinés sur la connoissance de la langue française, la lecture des langues latine et grecque, et les connaissances utiles à leur profession.

Les autres régles et formalités des examens seront déterminées par un réglement particulier, selon ce qui est dit ci-après au titre V, section Ire.

TITRE II.

Du droit d'imprimer et débiter des livres.

SECTION Ire.

Des formalités à remplir par les auteurs ou imprimeurs.

14. Chacun peut imprimer ou faire imprimer ce qu'il veut, en répondant, 1°. des injures faites ou préjudice porté aux particuliers; 2°. de ce qui peut nuire à la paix intérieure de l'État, à ses intérêts politiques, et aux mœurs.

15. La réparation des injures faites ou préjudice porté aux particuliers, sera toujours poursuivie devant les tribunaux, sans que l'autorité publique puisse intervenir.

16. Le gouvernement empêchera de publier ce qui sera nuisible à la paix intérieure de l'État, à ses intérêts politiques, et aux mœurs.

17. Nul ne pourra imprimer ou faire imprimer aucun ouvrage ou manuscrit, sans déclarer au préfet de son département et sans insérer en tête le titre de l'ouvrage et le nom de l'auteur ou celui de l'imprimeur. Le préfet en donnera sur-le-champ connoissance aux ministres de l'intérieur et de la police.

18. Le gouvernement pourra faire prendre communication des ouvrages donnés à l'impression, avant leur publication, et la prohibera, en tout état de cause, s'ils paraissent nuisibles à la paix intérieure ou aux intérêts politiques de l'État, ou aux mœurs.

19. L'auteur ou l'imprimeur pourront, avant d'imprimer,

présenter leur manuscrit pour faire examiner s'il ne serait pas dans le cas prévu par l'article précédent.

SECTION II.

Du mode d'exercice de la surveillance par le gouvernement.

20. Il y aura un collége de censure chargé de l'examen des manuscrits dans les cas prévus par les articles précédens.

21. Ce collége sera composé d'un président, de douze censeurs ayant voix délibérative, et de huit assesseurs chargés des rapports.

22. Le grand-maître de l'université aura droit de séance à ce collége quand il le jugera convenable, avec voix délibérative.

23. Le collége des censeurs décidera aux deux tiers des voix : le président aura la prépondérance en cas de partage.

24. Quand le collége prohibera la publication d'un ouvrage, il ne le pourra qu'en le déclarant nuisible à la paix publique ou aux intérêts politiques de l'État ou aux mœurs, seuls rapports sous lesquels l'examen lui soit permis.

25. Les manuscrits présentés à l'examen par les auteurs ou imprimeurs, seront enregistrés au secrétariat du collége de censure, et il en sera donné *récépissé*.

Leur remise à l'auteur sans notification de prohibition, en autorisera suffisamment la publication, et ils ne pourront plus être prohibés par le collége.

26. Il y aura recours contre ses décisions au conseil d'État.

26. En ce cas, le président remettra au ministre de l'intérieur les motifs de sa décision, pour être joints à son rap-

port. L'auteur pourra remettre au secrétariat général du conseil d'État un mémoire apologétique manuscrit.

28. Le ministre de la police pourra aussi se pourvoir au conseil d'État contre les décisions du collége de censure : il y sera statué sur son rapport, en remplissant ce qui est prescrit à l'article précédent.

29. Les ouvrages publiés et signés par les membres de l'Institut de France, ne seront pas soumis à l'inspection du collége de censure.

SECTION III.

Des livres imprimés à l'étranger.

30. Aucun livre en langue française ou latine, imprimé à l'étranger, ne pourra entrer en France sans payer un droit pour lequel il sera fait un tarif spécial, lequel ne pourra être au-dessous de cinquante pour cent de la valeur de l'ouvrage.

31. Aucun livre en langue française ou étrangère, imprimé ou réimprimé hors de France, ne pourra être introduit en France, sans une permission du ministre de l'intérieur, donnée sur l'avis du collége de censure, et annonçant le bureau de douanes par lequel il entrera.

32. En conséquence, tout ballot de livres venant de l'étranger, sera mis, par les préposés des douanes, sous corde et sous plomb, et envoyé à la préfecture la plus voisine.

33. Si les livres sont reconnus conforme à la permission, chaque exemplaire ou le premier volume de chaque exemplaire sera marqué d'une estampille à la préfecture du département, et ils seront remis au propriétaire.

TITRE III.

De la propriété et de sa garantie.

34. Le droit de propriété est garanti à l'auteur ou à sa veuve pendant leur vie, et à leurs enfans pendant vingt ans.

35. L'auteur peut céder son droit à un imprimeur ou libraire, ou à toute autre personne, qui est alors substituée en son lieu et place, pour lui et ses ayans-cause, comme il est dit en l'article précédent.

36. L'individu qui aura fait le premier sa déclaration pour la traduction ou la publication d'un ouvrage imprimé et publié à l'étranger, jouira en France des droits d'auteur pour sa traduction ou sa publication en langue originale.

Toutefois tout autre traducteur pourra imprimer une traduction nouvelle et le texte en regard.

TITRE IV.

Des contraventions, de la manière de les constater et de les punir.

SECTION Ire.

Des contraventions et des peines y applicables.

37. Il y aura lieu à confiscation et amende au profit de l'État, dans les cas suivans :

1°. Si l'ouvrage est sans nom d'auteur ou d'imprimeur ;

2°. Si l'auteur n'a pas fait, avant l'impression de son ouvrage, la déclaration prescrite par l'article 17.

3°. Si son ouvrage ayant été présenté à l'examen selon

l'article 19, ne lui a pas été rendu conformément au paragraphe 2 de l'article 25.

4°. S'il est publié malgré la défense du collége de censure ;

5°. S'il est imprimé à l'étranger, et est présenté à l'entrée sans permission, ou circule sans être estampillé;

6°. Si c'est une contrefaction, c'est-à-dire, si c'est un ouvrage imprimé sans le consentement et au préjudice de l'auteur ou de ses ayans-cause.

38. Dans ce dernier cas, il y a lieu en outre à des dommages-intérêts envers l'auteur ou ses ayans-cause, et l'édition ou les exemplaires contrefaits sont confisqués à son profit.

39. Les peines sont prononcées et les dommages-intérêts sont arbitrés par les tribunaux correctionnels.

40. L'amende sera de trois cents francs au moins et de trois mille francs au plus.

SECTION II.

De ceux qui pourront surveiller les contrevenans et dresser des procès-verbaux.

41. Il y aura huit inspecteurs de l'imprimerie et librairie, dont quatre sous les ordres et à la nomination du ministre de la police, et quatre sous les ordres et à la nomination du ministre de l'intérieur.

42. Ces inspecteurs, tous les commissaires et agens légaux de la police administrative ou judiciaire, les syndics et adjoints de la librairie, les préposés des douanes pour les livres venant de l'étranger, pourront constater toutes contraventions, faire toutes visites, saisies et procès-verbaux.

43. Les procureurs généraux ou impériaux seront tenus de poursuivre d'office dans tous les cas prévus à la section précédente, sur la simple remise des procès-verbaux dûment affirmés.

TITRE V.

Dispositions diverses.

SECTION Ire.

Mesures générales.

44. Chaque imprimeur sera tenu de déposer à la préfecture de son département, cinq exemplaires de chaque ouvrage; savoir:

Un pour la bibliothèque impériale;

Un pour le ministre de l'intérieur;

Un pour celui de la police;

Un pour la chambre syndicale de son arrondissement;

Un pour le collége de censure.

45. Le produit des confiscations et amendes au profit de l'État, perçu par les agens du domaine, sera versé à la caisse de la police générale et affecté au paiement des inspecteurs de l'imprimerie et de la librairie.

46. Il sera statué par des réglemens particuliers sur ce qui concerne,

1°. Les imprimeurs, leur réception, leur examen, leur police;

2°. Les libraires sous les mêmes rapports;

3°. Les libraires étaleurs;

4°. Les fondeurs de caractères;

5°. Les graveurs;

6°. Les relieurs, et toutes les autres parties de l'art ou du commerce de l'imprimerie et librairie.

47. Ces réglemens seront proposés par la chambre syndicale de Paris, communiqués aux autres chambres syndicales de l'empire, et arrêtés en conseil d'État, sur les rapports des ministres de l'intérieur et de la police.

SECTION II.

Des Imprimeurs et Libraires actuellement exerçant.

48. Sont dispensés d'examen, et maintenus dans l'exercice de leur profession, tous les imprimeurs et libraires qui s'y livrent en ce moment et sont pourvus de patentes.

49. Ils seront tenus toutefois de faire la déclaration et d'obtenir l'autorisation mentionnées à l'article 1er. du présent décret.

Le projet ci-dessus est discuté.

N*** dit que la question principale est celle à laquelle se rapportent les articles du titre 2.

Ce titre est soumis à la discussion.

M. le comte DE SÉGUR observe que le projet ne statue pas sur les suites de la suppression d'un ouvrage : lorsqu'en outre de l'article 18 elle aura eu lieu après l'impression autorisée par le conseil de censure, l'imprimeur sera-t-il indemnisé ?

M. le comte REGNAUD répond que dans son

opinion, il serait juste d'accorder une indemnité.

M. le comte Dubois demande si à Paris la déclaration exigée par l'article 17 sera faite au préfet du département ou au préfet de police ?

M. le comte Regnaud répond que l'article établit une régle générale pour toute la France, et que partout la police locale étant confiée au préfet, même là où il a sous ses ordres un commissaire général de police, on a dû partout aussi lui faire adresser la déclaration de l'imprimeur ou de l'auteur, mais que Paris ne peut pas être compris dans cette règle, puisque la police y est exercée par un préfet particulier indépendant du préfet du département; que ce sera donc le préfet de police qui à Paris recevra la déclaration.

N*** dit qu'il faut discuter l'ensemble du projet et ses bases avant que de s'engager dans les détails.

M. le comte de Ségur dit que déjà dans les précédentes discussions il a développé les raisons qui lui persuadent que la censure absolue est préférable à la censure facultative.

M. le chevalier Vincent Marniola dit : qu'on admette, soit la censure facultative, soit la censure absolue, il sera toujours juste d'établir le principe qu'un auteur, dont l'ouvrage a été examiné par un collége investi de la confiance du gouvernement, doit être à l'abri de toute inquiétude.

M. le comte Molé opine pour la censure absolue. Deux considérations le décident :

1°. Les auteurs et les imprimeurs, pour être en sûreté, porteront leurs ouvrages à l'examen des censeurs ; la censure facultative deviendra donc par le fait censure absolue ;

2°. Dans les mesures quelconques qu'on prendra, on doit bien moins tendre à réprimer l'auteur qu'à arrêter les effets dangereux de son livre : or, quand le livre a paru, le mal est fait, et voilà ce qui ne peut pas arriver avec la censure absolue.

Si donc on suppose que tous les auteurs ne porteront pas leurs ouvrages à l'examen, la censure facultative ne remédiera à rien. Si l'on suppose que tous les y soumetteront, la censure facultative devient une censure absolue.

M. le comte Regnaud répond que beaucoup de livres tels que des collections de loi, des almanachs, etc., etc., ne sont pas susceptibles d'examen ; qu'à l'égard de ceux qui méritent d'être examinés, le projet réserve au gouvernement le droit de se les faire représenter, que, puisque tous les ouvrages n'ont pas besoin de passer à l'examen et qu'on a un moyen d'atteindre les livres dangereux, la censure facultative n'est ni inutile ni insuffisante.

M. le comte DE SÉGUR dit que ce serait une fort mauvaise règle que de juger d'un livre par son titre : quelquefois l'ouvrage, qui se présente sous le titre le plus simple et le plus innocent, contient la doctrine et les insinuations les plus répréhensibles.

M. le chevalier PORTALIS dit que la censure facultative n'est proposée que par ménagement pour des idées qui ont eu trop de vogue et qu'on n'ose encore abjurer tout-à-fait. Mais, en se dépouillant de ces préjugés, en ne s'attachant qu'à ce que la vérité avoue, on est forcé de convenir que quiconque imprime se propose d'agir sur le public, et qu'il prend sur lui d'enseigner. Or, dans un pays où l'enseignement est organisé et surveillé de manière à ce qu'il ne puisse répandre qu'une doctrine saine et non des principes dangereux, doit-il donc être permis de prendre ainsi mission de soi-même? Doit-il exister une seule manière d'enseigner qui échappe à l'autorité publique? Non, sans doute; le droit d'enseigner ne saurait être mis au rang des droits sociaux ordinaires. Dès-lors on ne peut refuser au collége de censure un point direct sur tous ceux qui publient leurs pensées; ce qui conduit à la censure absolue.

On objecte que la censure est inutile pour beaucoup d'ouvrages : son utilité s'étend à plus de livres qu'on ne pense. D'ailleurs le collége renverra les écrits qu'il ne croira pas devoir examiner.

Cependant il est prudent de ne pas séparer de la police la censure absolue. Dans les cas difficiles le collége ne doit prononcer qu'après avoir pris l'avis du ministre.

Le Ministre de la Justice dit que la question est sans doute délicate et difficile à traiter, mais qu'il n'hésite pas à se prononcer pour la censure absolue. Elle ne mettra pas à la liberté d'imprimer plus d'entraves que la censure facultative : puisqu'en proposant ce dernier système on autorise néanmoins le gouvernement à se faire représenter et à soumettre à un examen les livres qu'il voudra, il est préférable de revenir au système ancien où le gouvernement exerçait une censure forcée sur tous les livres indistinctement, et où l'auteur était en sûreté dès qu'il avait obtenu l'approbation.

L'Archi-Trésorier dit qu'il n'y a pas ici possibilité de composer : tout système mitigé aura les inconvéniens des systèmes dont il sera formé, sans avoir les avantages d'aucun. Il ne reste donc qu'à choisir entre la liberté de la presse toute entière, ou la censure absolue.

L'Archi-Chancelier dit qu'on suppose mal à propos qu'il est des ouvrages qui ne soient pas susceptibles d'examen. Le poison peut se cacher et circuler sous tous les titres. Il est possible qu'on le trouve dans de simples almanachs, dans des livres de jurisprudence et de médecine. Il est donc très-prudent d'obliger tous les auteurs à présenter leurs manuscrits au collége de censure et même à le signer et parapher, de peur qu'ensuite ils ne rétablissent des passages qu'ils auront eu soin de soustraire aux regards des censeurs.

Autrefois, on allait jusqu'à supprimer les livres même approuvés, et l'on punissait le censeur. Depuis on a établi la maxime que chacun pourrait imprimer librement, sauf à répondre de ce qu'on imprimerait. Ce n'est là qu'une compensation dont il a toujours été difficile de régler les effets. Il est bien plus simple de soumettre tous les livres à un examen. Que si des erreurs graves échappent à l'attention du censeur, si ces erreurs sont de nature à faire supprimer l'ouvrage, il faut que les tribunaux seuls en soient juges et non l'administration. Affranchie de toutes règles et de toutes formes, elle pourrait être séduite et entraînée.

M. le comte Treilhard dit qu'on se trouve engagé dans un défilé fort étroit : d'un côté on doit craindre de s'opposer à la propagation des lumières et d'enchaîner la pensée ; de l'autre il est impossible de ne pas arrêter la circulation des ouvrages qui blessent l'Etat ou les mœurs.

Peut-être cependant qu'on s'en tirera par une distinction.

Il faut prendre garde en effet que les ouvrages volumineux ne sauraient nuire qu'à la longue, et que dès-lors on a le temps de découvrir le poison qu'ils recèlent, d'en prévenir et d'en arrêter les ravages ; mais qu'il n'en est pas de même des feuilles journalières ; c'est par celles là que le venin se répand avec célérité ; c'est donc aussi contre celles-là qu'on ne saurait prendre des mesures trop promptes, trop sévères.

Néanmoins M. le comte Treilhard admet le système qui est présenté. Il lui paraît tout concilier en ouvrant aux auteurs la faculté de soumettre leurs ouvrages à la censure. Les auteurs bien intentionnés, mais inquiets, prendront toujours cette précaution. Elle ne sera repoussée que par ceux dont les intentions sont mauvaises, et qui, par cela même, demeureront à la discrétion du gouvernement.

En France, l'expérience de la censure absolue est faite, puisqu'elle a existé. A-t-elle écarté les mauvais livres? Non : elle les a fait vendre sous le manteau, vendre à plus haut prix, et rendu l'objet d'une curiosité plus ardente.

L'opinion personnelle de M. Treilhard serait de laisser la plus entière liberté d'imprimer, en l'accompagnant de réglemens qui tendent non à prévenir les abus, car cela est impossible dans tous systèmes, mais à les diminuer. Néanmoins, et puisque l'on répugne à cet ordre de choses, M. le comte Treilhard ne voit rien de mieux que le projet présenté par la section de l'intérieur.

A l'égard de l'indemnité qu'on propose de donner à l'imprimeur lorsque son livre est arrêté après avoir subi l'examen, elle est impossible, car elle pourrait occasionner des dépenses énormes à l'Etat.

Le Ministre de la Justice dit que puisqu'on avoue que les auteurs sages et qui se défient d'eux-mêmes soumettent spontanément leurs livres à la censure, ce n'est donc pas dans l'intérêt de ceux-là qu'on repousse la censure absolue. Quant aux esprits turbulens, c'est leur rendre service que de les y soumettre.

Dans tous les cas la censure absolue ne peut nuire, car le gouvernement n'a pas intérêt à arrêter un ouvrage utile, et elle seule peut prévenir le danger des mauvais livres. Il est trop tard de les supprimer quand ils ont paru. Ce serait en effet bien peu connaître l'esprit humain que de ne pas voir que la suppression d'un ouvrage dont il est déjà échappé des exemplaires dans le public ne fait qu'irriter la curiosité, tandis que sans cet événement on n'y eût peut-être pas fait attention.

Enfin si l'on craint l'arbitraire de la part des censeurs, on peut borner leur pouvoir à écarter les livres qui attaquent l'Etat et les mœurs.

M. le comte DE SÉGUR dit que l'opinion publique est tellement formée sur la question dont s'occupe le conseil, que de toutes parts les auteurs et les imprimeurs réclament eux-mêmes la censure.

Et, à la vérité, ce sont les seuls français qui n'aient pas de garantie. En effet, il leur est impossible de juger si un ouvrage contrarie l'intérêt politique; cependant ils demeurent abandonnés à leur propre jugement, et lorsqu'il les trompe, leur ruine est la suite de cette erreur involontaire.

M. le comte Regnaud dit qu'on peut juger par un fait récent combien la censure absolue enchaînerait la pensée : il n'y a que peu de jours qu'un homme de lettres très-distingué a cru devoir repousser par la voie des journaux, comme injurieuse à la mémoire d'un ami mort, l'assertion que ce dernier s'était mis au rang des éditeurs des OEuvres de Voltaire.

M. le comte Treilhard est persuadé que Montesquieu lui-même aurait de la peine à échapper à la sévérité de censeurs prévenus.

D'ailleurs, les membres du collége de censure seront des gens de lettres. Et qui garantira qu'ils n'écarteront pas un ouvrage pour se débarrasser personnellement d'une concurrence dangereuse, ou qu'ils ne le retiendront pas pendant un temps considérable pour enrichir leurs propres écrits des idées qu'ils en tireront, et s'assurer ensuite la priorité en gagnant de vitesse le véritable auteur? Les exemples du plagiat sont ils donc si rares ?

Enfin, la censure absolue serait inutile. Jamais elle ne parviendra à arrêter la publication des écrits dans un territoire aussi vaste que celui de la France.

M. le chevalier Portalis dit que la censure n'a eté impuissante que pendant les cinquante dermières années du 18e siècle. Personne n'en ignore la raison : c'est parce que les ministres de l'autorité étaient divisés d'opinion. Les livres que les parlemens, attachés aux anciennes maximes, faisaient brûler, trouvaient des protecteurs dans les gens en place, imbus, pour la plupart, des systèmes que ces livres tendaient à propager. Il n'en sera pas de même sous le règne de N*** ; aujourd'hui l'opinion générale sera d'accord avec l'opinion des censeurs.

M. le comte Réal dit que c'est précisément aux époques où la censure était exercée avec le plus de sévérité que les livres dont parle M. Portalis ont été publiés.

Au reste, qu'on s'en rapporte à l'expérience : la liberté de la presse a-t-elle donc eu des effets si désastreux ? Elle n'a fait de mal que dans des temps où les passions s'étaient soulevées et où elle leur servait d'instrument ; quand on lui attribue les désordres qui ont existé, on la voit comme cause, tandis qu'il ne faudrait la voir que comme effet.

Depuis la révolution, les brochures et les pamphlets se sont beaucoup moins multipliés que sous Louis XV : le dégoût en a fait justice. La résistance seule leur a prêté de l'intérêt. On a recherché autrefois et lu avec avidité des ouvrages où maintenant on ne trouve qu'un caractère de niai-serie, et dont personne ne peut plus supporter la lecture.

La Hollande a-t-elle donc été bouleversée ou corrompue parce qu'on y imprimait indistinctement tous les livres, des livres qui attaquaient la religion et la morale? Ce peuple nous surpasse encore aujourd'hui par l'austérité de ses mœurs.

Néanmoins, M. le comte Réal ne prétend pas qu'il faille laisser la presse sans réglemens. Il en existe déjà pour les journaux, et rien n'est plus sage que cette précaution, puisque ces feuilles journalières font plus de mal que les livres volumineux; on peut en établir aussi pour les autres écrits, et les articles 16 et 17 du projet pourvoient à tout.

Quant à la question de savoir si la censure sera facultative ou absolue, ce n'est au fonds qu'une question de mots; mais la censure facultative, sauve le principe de la liberté de la presse, et elle n'est pas moins efficace que la censure absolue, car jamais un imprimeur ne voudra exposer sa fortune quand on lui offrira un moyen de se mettre en sûreté.

A l'égard de la proposition d'accorder une indemnité à l'imprimeur dont le livre serait supprimé après avoir subi l'examen, c'est une idée absolument nouvelle. Autrefois quand le parlement décrétait, supprimait un ouvrage malgré l'approbation du censeur, ou que le Gouvernement l'arrêtait, jamais l'imprimeur n'a réclamé d'indemnité. Mais tout cela n'arrive que deux fois en un siècle : or les lois ne doivent pas se régler sur des cas qui ne sont que des exceptions dans le cours habituel des choses.

M. le comte Berlier dit que le vœu des auteurs et des imprimeurs, dont M. le comte de Ségur a argumenté, ne prouve rien en faveur de son opinion, puisque les uns et les autres trouveront, quand ils voudront, une garantie dans la faculté qui leur sera accordée de soumettre leurs livres à la censure.

Passant à ce qu'a dit M. le chevalier Portalis, M. le comte Berlier convient que la liberté d'imprimer n'est pas un droit social, en ce sens que l'homme le tienne de la société, mais il soutient que c'est un des droits que l'homme tient de la nature, que la société doit protéger, et que cependant elle peut restreindre.

Personne ne conteste la légitimité ni la nécessité des restrictions. On ne diffère que sur les moyens: les uns veulent une censure forcée, les autres une censure purement facultative, les autres enfin qu'on écarte toute censure et qu'on se borne à exiger des auteurs une déclaration ; qu'ensuite on les laisse libres d'imprimer, sauf à les punir s'ils se permettent des écarts dangereux.

De tous ces systèmes, celui de la censure facultative paraît être le meilleur.

On a dit que par le fait, elle deviendrait absolue, parce que les hommes sages y recourront d'eux-mêmes.

Cela dépendra beaucoup de la manière dont le collége de censure sera composé, car il ne serait pas impossible que dans certains cas on ne préférât la censure de la police.

L'intention du chef du gouvernement est de prévenir les dangers de la presse, non d'étouffer les lumières ; comment donc peut-on priver les auteurs de la liberté de ne pas soumettre leurs écrits à des censeurs dont ils ont raison de se défier ?

On répond que les censeurs n'ont pas intérêt d'empêcher la publication d'un ouvrage utile.

Il se peut qu'il en soit ainsi aujourd'hui. Mais est-on assuré qu'il en sera de même dans d'autres tems et sous un autre règne ? Et alors ne serait-il pas préférable d'être soumis à l'examen de la police que de l'être à celui d'un corps où les haines et les préventions exerceraient leur funeste influence.

Rien de mieux que d'offrir aux auteurs la sûreté

que leur donnera la censure : leur en imposer la loi, ce serait se jeter dans des inconvéniens très-graves. La censure présente des dangers réels s'il faut recourir forcément à des juges irrécusables : elle est utile si l'on est libre de ne pas s'y assujettir.

Le projet repose sur ces bases, et il n'est que le résultat de ce que le conseil a précédemment arrêté.

Et qu'on ne dise pas qu'il ne donne pas au gouvernement une garantie suffisante contre les esprits turbulens, qui ne viendront certainement pas soumettre leurs écrits à l'examen.

L'article 17 pourvoit à ce cas : en obligeant tous les auteurs de se faire connaître, il donne le moyen d'exiger la représentation des écrits de ceux dont les noms inspireraient de la défiance.

Le Ministre de la Justice dit que ce remède est insuffisant : tous les esprits turbulens ne sont pas assez connus pour qu'on puisse les distinguer par leurs noms et les empêcher d'imprimer.

M. le comte Berlier répond qu'il ne faut pas se dissimuler que même, avec la censure absolue, les hommes turbulens parviendront à imprimer leurs écrits. Dans le système du projet, on pourra les atteindre et les punir.

Le Ministre de la Justice réplique que le système de la censure absolue aurait l'avantage de les constituer de plein droit en contravention.

M. le comte Treilhard dit que ce système aura toujours l'inconvénient d'arrêter la publication de beaucoup d'ouvrages qui ne méritent pas d'être supprimés.

Le Ministre de la Justice dit qu'on doit supposer que les censeurs n'agiront qu'avec des intentions pures.

M. le comte Treilhard répond que la manière de voir a dans cette matière autant d'influence que les intentions ; que par exemple, s'il était censeur il laisserait indubitablement passer plus d'ouvrages que M. Portalis.

Le Ministre de la Justice dit que la dissemblance d'opinion est sans conséquence dans des hommes qui n'exercent pas un pouvoir arbitraire; qu'il ne peut même pas y en avoir entre les censeurs, puisque tous agiront dans les principes du gouvernement.

M. le comte Réal dit que peut-être des censeurs isolés seraient moins dangereux qu'un collége de censeurs.

Dans tous les cas, il préférerait qu'il n'y eût point du tout de censure, et ce n'est que par composition qu'il opine pour la censure facultative.

M. le comte de Ségur dit que la censure facultative, insuffisante pour la garantie, l'est même pour la sûreté des auteurs et des imprimeurs, puisque ceux-ci demeurent sous la main de la police et ne peuvent s'y soustraire.

M. le comte Berlier répond qu'elle a cet avantage sur la censure absolue, que des gens de lettres ne dépendent pas nécessairement de gens de lettres.

M. le comte Molé dit que d'un autre côté, la censure facultative ne remédie pas à l'inconvénient très-grave de laisser publier de mauvais livres, et de ne pouvoir les arrêter qu'après l'impression.

M. le comte Réal répond que cet inconvénient est inévitable, car les livres qu'on empêchera d'imprimer en France seront imprimés dans l'étranger.

M. le comte Dubois dit que déjà les libraires français se plaignent qu'on porte beaucoup d'ouvrages aux imprimeries étrangères.

M. le comte Réal dit que les lois sévères qui existaient avant 1789 n'ont jamais pu arrêter l'impression des écrits.

N*** dit qu'on ne peut rien conclure de ce qui s'est passé à cette époque. Alors la monarchie en dissolution était absolument sans force. Mais chez toutes les puissances de l'Europe, on n'imprime que ce que le gouvernement veut laisser publier.

En 1789, l'opinion et les goûts appelaient les ouvrages dirigés contre la religion et contre les institutions d'alors, et les censeurs eux-mêmes en facilitaient la publication. Il n'en est pas de même aujourd'hui.

Mais aujourd'hui la presse, qu'on prétend être libre, est dans l'esclavage le plus absolu. La police cartonne et supprime, comme elle veut, les ouvrages, et même ce n'est pas le ministre qui juge, ses autres occupations ne lui permettent pas d'examiner par lui-même les livres; il est obligé de s'en rapporter à ses bureaux.

Rien de plus irrégulier, rien de plus arbitraire que ce régime, et néanmoins il est insuffisant, car la police, ne pouvant examiner tous les ouvrages qui paraissent, est obligée de se borner à ceux qui marquent le plus; et de là résulte que beaucoup d'écrits répréhensibles lui échappent à la faveur d'un titre qui n'éveille pas l'attention et ne provoque pas la défiance. Qui aurait pensé, par exemple, qu'un livre présenté sous le titre de *Vie de Suwarow* contiendrait des diatribes écrites par un Français contre les armées françaises? C'était bien là, un de ces livres que, sur son titre, la police devait naturellement laisser passer sans examen; et cependant il a fallu le supprimer, et l'imprimeur en éprouve un dommage très-considérable.

Le ministre de la police actuel, est un homme estimé, qui agit sans partialité, sans prévention, sans esprit de parti; mais s'il venait dans la suite un autre ministre qui se laissât entraîner par ses opinions individuelles, il proscrirait sans réserve tout ce qui n'y sera pas conforme. Si, par exemple, la religion avait sur lui une grande influence, on ne lui arracherait la permission de publier un livre qu'autant qu'il commencerait, pour ainsi dire, par une profession de foi. Voilà le danger qu'il y a de placer la surveillance de la presse dans la main d'un seul homme : elle sera beaucoup mieux dans un collége de magistrats.

Qu'il soit besoin d'une surveillance, cela ne peut pas être contesté : personne ne prétendra sans doute qu'il faille laisser la presse indéfiniment libre.

A la vérité, des savans ont été jetés dans les

prisons pour des opinions astronomiques qu'on prétendait être contraires aux opinions religieuses; mais tout cela tenait au système d'alors où tout était pour la religion. Maintenant on laissera circuler librement les livres de science. Ce n'est donc pas là une objection.

On ne peut rien conclure relativement à la France des usages de l'Angleterre : l'organisation, l'esprit national et les mœurs ne sont pas les mêmes dans les deux pays.

Dans le système de la constitution anglaise, l'opinion doit influer sur le gouvernement ; on ne peut donc empêcher de la faire par la voie de la presse, de dénoncer les ministres, de censurer leurs actes. Depuis quatre-vingts ans que ces usages subsistent, ils n'ont pas encore eu d'effets désastreux, parce qu'ils sont balancés par les institutions et les mœurs de la nation. En Angleterre, le roi est le chef de la religion, et il y a une aristocratie fortement constituée qui est toujours en état de contenir le peuple ; ce peuple est trop brutal pour être mis en mouvement par des écrits et par des paroles. Là, il y a moins d'inconvénient à tout laisser dire ; et cependant il n'est pas encore certain que les contrepoids soient toujours assez forts, et qu'un jour la licence de la presse ne renverse pas l'Angleterre.

Mais en France, où la nation est douée d'une

conception prompte, d'une imagination vive, et susceptible d'impressions fortes, la liberté indéfinie de la presse aurait de funestes résultats. Qu'a gagné M. de Brienne en appelant de tous côtés ce qu'il nommait les lumières et en provoquant les écrivains? L'écrit de Syeyes, *qu'est-ce que le tiers*, et le bouleversement de toutes les institutions.

Si chez un tel peuple, l'opinion doit tout influencer, si elle doit intervenir dans les actes des ministres, dans les délibérations du conseil d'État, dans celles du sénat, à la bonne heure, que la presse soit indéfiniment libre; mais s'il est démontré que cette puissance de l'opinion ne produirait que troubles et bouleversement, il faut bien établir une surveillance de la presse. Le tout est de l'organiser sagement et de ne pas laisser subsister plus long-tems l'arbitraire.

M. le comte Regnaud dit que jamais en France la liberté indéfinie de la presse n'a existé que dans le code des lois. On n'en jouissait pas dans le fait au moment où N*** a pris les rênes du gouvernement.

N*** dit que cela venait de ce qu'on était encore en révolution; mais que la liberté indéfinie de la presse n'en était pas moins étroitement liée au plan de gouvernement qu'on avait établi. Dans un régime où un directoire composé de membres temporaires n'avait pas même la pensée de la loi, où il n'était en quelque sorte que la commission d'un corps législatif, dont il ne pouvait qu'exécuter les ordres, qui avait le droit de le mettre en accusation, et qui lui-même était dirigé par l'opinion publique, il n'était pas possible d'empêcher qui que ce fût de manifester sa pensée sur les lois et sur les actes du gouvernement.

Maintenant les choses sont changées, et l'on ne voit pas comment la liberté indéfinie de la presse se concilierait avec notre organisation. Qu'elle existe pour les affaires qui sont portées devant les tribunaux, on le conçoit; la défense des parties ne doit pas être gênée par la censure, en rendant néanmoins les avocats responsables des écarts qu'ils se permettraient. Mais hors de là, il ne peut plus y avoir de liberté indéfini d'imprimer, car cette faculté ne servirait pas la chose publique. Nos constitutions n'appellent pas le peuple à se mêler des affaires politiques. C'est le sénat, c'est le conseil d'État, c'est le corps legislatif qui pensent, qui parlent, qui agissent pour lui, chacun dans l'étendue de ses attributions. Si l'on veut plus, il faut changer l'organisation actuelle. Récemment l'auteur de la *Vie de Leon X* a fait paraître à Londres une brochure très-bien raisonnée et écrite avec beaucoup de talens sur la guerre actuelle. Cela est très-bon en Angleterre où le peuple discute toutes les affaires; peut-être qu'en France, il ne faudrait pas le permettre.

Souffrira-t-on d'ailleurs que le premier misérable pénètre jusque dans la vie privée d'un ministre? qu'il calomnie dans un mémoire imprimé les actes de son administration?

Cette diffamatiou serait d'autant plus dangereuse qu'elle n'aurait pas de résultat réel; car enfin, on ne suppose pas sans doute que le chef du gouvernement sacrifiera un ministre dont il connait l'innocence, dont il est satisfait, aux préventions que des pamphlets, que les clameurs de quelques intrigans auront semées dans les esprits. Si l'on ne permet pas aux hommes turbulens d'aller sur les places publiques déclamer contre les agens de l'autorité, on doit encore moins souffrir qu'ils les diffament par écrit.

Et, après tout, quel bien produit donc en Angleterre cette licence de tout imprimer contre les gens en place? Les réforme-t-elle? corrige-t-elle leurs mœurs?

Au contraire, certains d'être attaqués, quelle que soit leur conduite, les grands lèvent le masque, se mettent à l'aise, laissent dire, et n'en deviennent que plus corrompus.

La licence de la presse ne peut opérer aucun bien et produit beaucoup de maux : M. Fox, lui-même, convenait qu'en Angleterre, c'est un désordre immense; tandis que la surveillance de la presse, si elle est bien réglée, ne peut pas entraîner d'inconvénient.

Au reste, si l'on conçoit encore des craintes, on peut faire intervenir la commission du sénat.

M. le comte REGNAUD revient à ce point, qu'actuellement, sous une apparente liberté de la presse, on n'a réellement en France qu'une répression arbitraire.

Quand, au lieu de confier la surveillance à une autorité non organisée, on la remettra à une autorité bien organisée, et contre les décisions de laquelle il sera en outre permis de se pourvoir, les français auront tout ce qu'ils peuvent raisonnablement désirer.

Ce recours est le vrai et le seul palladium contre l'abus de la censure. Il est impossible d'enchaîner la censure comme le propose M. le Grand-Juge : elle ne peut se diriger que par les convenances et l'intérêt du gouvernement qui varient suivant les circonstances.

Qu'ensuite il y ait des censeurs isolés ou un collége de censure, c'est-là une question secondaire dont il sera tems de s'occuper, quand on sera fixé sur le principe. Il faut, avant tout, dégager la presse des entraves que lui donne aujourd'hui le pouvoir absolu ; dans la crainte de compromettre leur responsabilité, les censeurs vont beaucoup trop loin.

Si, sous un prince rempli d'idées grandes et libérales, on ne se hâte de créer une institution libérale, certes, un jour viendra où les idées les plus utiles seront étouffées, et où il ne sera pas même permis de parler.

Si, au contraire, on forme un collége de censure dont les opérations puissent être soumises au conseil du prince, on n'a plus rien à craindre.

N*** dit que dans la vérité la liberté de la presse n'existe pas en France, puisqu'on ne peut pas y écrire sur toutes les matières. Par exemple, on ne permettrait pas à un auteur de soutenir la thèse que l'une des constitutions antérieures est préférable aux constitutions actuelles.

Qu'est-ce donc qu'on entend par la liberté de presse? Il faut commencer par la définir.

M. le comte Boulay dit que la liberté de la presse est le droit d'écrire ce qui est utile.

M. le comte Treilhard la définit; le droit d'imprimer ce qui ne nuit pas à autrui.

N*** dit que ce n'est point là l'idée qu'il s'est formé de la liberté de la presse.

Un homme qui exprime toutes ses pensées à un ami, soit de vive voix, soit dans des lettres, use de la liberté qu'il a naturellement de parler et d'écrire. Si la liberté d'imprimer n'a pas la même étendue, elle n'existe pas. Or, qui oserait vôter pour une loi qui permettrait à chacun d'imprimer ce qu'il veut, sauf à être puni ?

M. le comte DEFERMON dit que la liberté en général est le droit de faire tout ce qui n'est pas défendu par les lois. La liberté d'imprimer subsiste donc, quoique la loi défende de publier certains écrits. Elle est seulement restreinte; mais avec la censure absolue, toute liberté disparaîtra. Le chef du gouvernement lui-même, excepte de la censure les écrits publiés dans des affaires qui sont portées devant les tribunaux, et cependant il est des moyens d'arrêter les abus que cette faculté peut entraîner; pourquoi n'en serait-il pas de même pour tous les écrits de tous les genres ? Qu'on réprime les auteurs qui s'écartent de leurs devoirs.

M. le comte MOLÉ dit que la liberté de la presse sera mieux ménagée dans le système d'une censure légale qu'avec l'arbitraire de la police.

M. le comte BERLIER dit qu'on soustraira toujours les mauvais ouvrages à la censure, même absolue; que cependant, comme ce sont précisément ceux-là qu'il faut arrêter, l'action de la police ne sera pas moins nécessaire dans ce système que dans tout autre.

N***, en demandant si l'on pouvait dire qu'il y a liberté de la presse, lorsque cette liberté est limitée, dit qu'on a proposé une question qui a été fortement controversée.

Dans d'autres tems les lois ont permis de tout imprimer, sauf à répondre de ce qu'on écrirait. Ces principes pouvaient convenir au système politique d'alors; ils ne seraient pas en harmonie avec l'ordre de choses actuel : aujourd'hui la faculté d'imprimer doit être restreinte. Il ne reste donc plus qu'à décider si elle le sera de la manière que veulent M. Portalis et M. Molé, ou conformément à ce que propose la section de l'intérieur.

Certes, tout gouvernement sait qu'il a le droit de briser l'instrument qui le blesse, et tout gouvernement use de ce droit. Mais, faut-il pour cela, appeler forcément devant lui tous les ouvrages, les juger tous, et ne laisser paraître que ceux que les censeurs voudront laisser passer ? Combien de livres seraient arrêtés sans motif réel ! Il n'est pas très-sûr, par exemple, qu'on permît d'imprimer le livre de Dupuis sur l'origine des cultes, quoiqu'il ne se compose que de discussions savantes et systématiques. Un corps censorial, ne connaissant pas la pensée du gouvernement, craindra toujours de n'en pas faire assez, et par conséquent en fera toujours beaucoup trop. Quand la part du gouvernement est faite, il faut que les citoyens ayent aussi la leur; qu'ils écrivent librement toutes les fois qu'ils n'écriront pas contre l'Etat.

M. le comte Molé dit que les ouvrages qui attaquent ouvertement l'Etat sont du ressort de la police; qu'il ne demande donc la censure absolue, que pour écarter ceux où l'attaque est indirecte et masquée.

M. le comte Réal observe que quoiqu'on punisse l'assassinat, on n'empêche pas néanmoins les citoyens d'avoir des armes.

M. le comte Molé répond que c'est précisément par rapport au port d'armes que tous les citoyens sont soumis à une censure absolue.

M. le comte Pelet dit que les Français sont également incapables de supporter ni une liberté indéfinie ni l'esclavage; qu'on doit se régler sur leur caractère dans la matière qui occupe le conseil; ne leur pas accorder la faculté de tout imprimer, mais ne leur pas mettre non plus un frein aussi dur que la censure absolue.

Le Ministre de la justice dit que la censure absolue n'introduit pas l'esclavage, puisque les censeurs n'auront pas de pouvoir arbitraire. On fixera les causes pour lesquelles il leur sera permis de rejeter, et alors l'abus de la censure ne sera plus à craindre.

M. le comte Pelet dit qu'il est impossible qu'un tribunal de censure ne soit ou trop faible ou trop sévère.

Le Ministre de la justice dit que si l'on suppose l'influence des passions, les tribunaux ordinaires doivent aussi devenir suspects.

M. le comte Defermon dit que tout en rendant justice à leur impartialité, il n'est personne cependant qui aimât à les voir venir d'office se mêler de tout ce qu'il fait.

Le Ministre de la justice répond qu'il ne s'agit pas d'étendre le pouvoir de la censure sur tous les écrits, mais seulement sur ceux qui intéressent le gouvernement. Jusqu'ici le principe était que chacun avait le droit d'imprimer ce qu'il lui plaisait, sauf à répondre de ce qu'il aurait écrit. On disait qu'il en devait être de la faculté d'imprimer comme de toutes les autres ; que la loi n'en gênait aucune ; dans la seule prévoyance qu'on pourrait en abuser pour commettre des crimes. Voilà la théorie qu'il faut renverser en soumettant à des restrictions la liberté de la presse. Et la section elle-même en propose.

La vraie question est de savoir s'il faut laisser le gouvernement exposé aux attaques des imprudens, et les imprudens exposés à se perdre.

Puisque M. le comte Treilhard convient que les hommes sages ne manqueront jamais de présenter leurs ouvrages à la censure, pourquoi ne pas mettre tous les auteurs dans la nécessité d'être sages ?

M. le comte TREILHARD observe qu'il n'a pas dit *les hommes sages*, mais *les hommes inquiets*.

N*** dit que toute la question est dans l'art. 14 ; mais que cet article est mal conçu en ce qu'il enveloppe également dans sa disposition les injures faites à des particuliers et le préjudice porté à l'État ou aux mœurs : ce sont là des choses différentes qu'il convient de distinguer et qu'on ne peut soumettre aux mêmes règles.

Il faut dire qu'il est défendu d'écrire contre

l'État et contre les mœurs, et que tous les manuscrits où l'on contrevient à cette prohibition peuvent être saisis.

M. le comte Treilhard dit que la surveillance de ces sortes d'écrits appartient de plein droit au gouvernement, et qu'en conséquence le gouvernement a le droit de les arrêter avant l'impression.

N*** dit que jusqu'ici ces règles n'étaient pas celles qu'on suivait en France. On tenait pour principe que chacun avait le droit de tout imprimer, sauf au gouvernement à arrêter ensuite l'ouvrage.

M. le comte Regnaud dit que le projet est conçu dans le système qu'adopte N***, et que l'article 17 organise les moyens de surveillance.

M. le comte Pelet voudrait qu'en outre on obligeât tous les auteurs à mettre leurs noms à leurs ouvrages.

M. le comte Regnaud répond que des considérations particulières peuvent empêcher un auteur de se nommer. Un magistrat, par exemple, publiera un ouvrage de poésies légères composées dans des momens de loisir : il lui répugnera de placer son nom à la tête d'un livre dont le sujet ne répond pas à la gravité de son caractère : il convient de respecter cette délicatesse, et de ne pas priver le public et les lettres d'un ouvrage agréable.

M. le comte Berlier dit que d'ailleurs le Code pénal pourvoit à ce qu'on puisse remonter par l'imprimeur, lequel est toujours connu, à l'auteur qui ne s'est pas nommé.

N*** dit qu'il faut décider que les imprimeurs ne pourront mettre sous presse aucun manuscrit qui ne soit signé de son auteur, et qu'ils seront obligés de faire connoître l'auteur à la police à toute réquisition.

Les écrits ou les passages que la police pensera ne devoir pas être imprimés seront renvoyés à un collége de censeurs qui prononcera, sauf le recours au conseil d'Etat, dans les formes établies pour les affaires contentieuses.

Dans ce système, il n'est pas nécessaire de composer un collége nombreux de censeurs : il suffit de le porter à quatre membres.

M. le comte Treilhard dit qu'il voudrait qu'il y eût un jury particulier pour chaque espèce d'ouvrages.

N*** dit qu'il est bon de n'en former qu'un,

afin qu'il y ait des habitudes et une marche uniforme.

Revenant au fonds, N*** ajoute que la raison qui lui fait rejeter la censure absolue, c'est que, dans ce système, il faudrait revêtir d'une approbation solennelle certains ouvrages qu'on ne peut pas arrêter, mais que cependant il serait inconvenant d'approuver d'une manière formelle et authentique.

Qu'au surplus il faut laisser à tout auteur la faculté d'envoyer son manuscrit à la censure.

M. le comte Regnaud craint que les auteurs n'aillent quelquefois demander l'approbation de la censure, comme on allait autrefois prendre celle de la Sorbonne.

L'article 24 fixe les bornes dans lesquelles la censure doit renfermer son examen. Il ne lui est permis de juger un ouvrage que sous trois rapports. Son jugement et son approbation ne portent pas sur le reste qui, sous d'autres points de vue, peut être répréhensible.

M. le comte Treilhard trouve l'article 24 supérieurement rédigé.

Il voudrait seulement que, par l'article 25, on obligeât le collége de censure de s'expliquer dans un délai déterminé.

N*** dit que le collége de censure ne recevra les manuscrits que de la main de la police.

Il veut qu'il soit institué un officier qui sera pris parmi les membres de la police, et qui exercera le ministère public.

Cet officier déférera aux censeurs les livres où les passages que la police croira ne devoir pas laisser publier.

Si l'auteur et le collége de censure ne peuvent s'accorder, il y aura recours à la commission du contentieux du conseil d'Etat.

M. le comte Regnaud représente que peut-être la commission du contentieux serait embarassée pour ce genre d'affaires, qui sont très-différentes de celles dont elle s'occupe, et qu'en conséquence il vaudrait mieux former une commission particulière devant laquelle le recours serait ouvert.

N**** dit que ce serait trop multiplier les rouages.

M. le comte Defermon ajoute que d'ailleurs les affaires portées devant la commission du contentieux reviennent ensuite au conseil d'Etat, qu'ainsi ses erreurs n'auraient rien de dangereux.

N*** dit qu'il serait difficile de discuter ces matières dans un corps aussi nombreux que le conseil d'Etat, qu'ainsi le grand-juge rendra directement compte au chef du gouvernement de l'avis de la commission.

Il ajoute que dans le système auquel on est fixé il n'y a plus réellement de censure ; qu'il faut donc éviter ce mot dans le décret ; qu'on pourrait donner au corps qui sera formé le nom de tribunal de l'imprimerie.

M. le comte Regnaud demande si les auteurs pourront soumettre spontanément leurs ouvrages à l'examen.

N*** dit qu'il faut leur laisser la faculté de les communiquer au ministère public près la police.

Revenant au système en soi, N*** dit qu'il n'établit pas une censure, qu'il se borne à organiser ce qui existe en écartant l'arbitraire ; qu'il pense qu'il réussira ; que cependant si l'expérience démontrait qu'il est insuffisant et que la censure est nécessaire, on créerait une censure.

M. le comte Regnaud demande comment le tribunal de l'imprimerie sera composé.

On a parlé de quatre membres et d'un procureur impérial. Sans doute qu'il faudra leur donner un président.

D'un autre côté, n'est-il pas à craindre qu'entre

un si petit nombre de membres il ne se forme des habitudes trop inflexibles et un concert dangereux ?

Enfin, par qui ces membres seront-ils nommés ?

N*** répond qu'il est utile, au contraire, que le tribunal se forme des règles, et qu'il ne peut s'en faire de dangereuses puisqu'il doit opérer d'après le principe que la presse est libre, sauf en ce qui intéresse le gouvernement.

Quant au nombre, quatre membres pourraient d'autant plus suffire qu'ils n'ont à examiner que les passages qui leur sont indiqués par la police. Cependant on peut les porter à sept, le président compris.

A l'égard de leur nomination, elle sera faite par le chef du gouvernement.

On passe à la discussion du titre 1er.

M. de Giunty observe sur l'art. 13 qu'on ne peut pas obliger les imprimeurs des départemens au-delà des Alpes de répondre sur la langue française, mais seulement sur la langue italienne.

Le conseil adopte cette observation, et en conséquence l'article sera rédigé ainsi qu'il suit :

« Les imprimeurs seront examinés sur la con-

» naissance des langues latine et française ou italienne, etc. »

Les autres articles du titre sont successivement adoptés, en retranchant toutefois la troisième partie de l'art. 13, qui n'a été imprimée que par erreur.

N*** renvoie la totalité du projet à la section, pour le rédiger d'après les bases indiquées dans la discussion.

SÉANCE

Du 25 novembre 1809.

M. le comte Regnaud, fait lecture de la nouvelle rédaction du projet sur l'imprimerie et la librairie.

Elle est ainsi conçue :

TITRE Ier.

Organisation de l'imprimerie et de la librairie.

SECTION Ire.

Dispositions générales.

Art. 1er. A compter du 1er janvier prochain, nul ne pourra exercer la profession d'imprimeur ou libraire, sans avoir, 1°. fait la déclaration de son intention au préfet de son département; 2°. subi un examen de capacité; 3°. obtenu une autorisation spéciale du préfet de son département, visée et enregistrée au ministère de l'intérieur et de la police.

2. Les deux professions seront distinctes, et auront des règlemens séparés.

Néanmoins la profession de libraire pourra être cumulée avec celle d'imprimeur; sous la seule condition d'en faire la déclaration, et d'observer les doubles règles qui seront établies.

3. Tout individu qui exercerait la profession d'imprimeur ou libraire, sans avoir rempli les conditions exigées par l'art. 1er, sera traduit au tribunal correctionnel, puni d'une amende de 2000 francs au plus, de confiscation des presses, caractères, ustensiles, impressions et livres, et même, si le cas y échet, d'une détention qui ne pourra excéder deux ans.

4. Tout imprimeur ou libraire qui aura fait faillite, ou qui aura été condamné trois fois pour contravention aux lois et règlemens touchant la librairie, pourra être privé de l'exercice de sa profession par décision du ministère de l'intérieur ou de la police, sauf le recours au conseil d'Etat.

5. Les officiers de police, ont le droit d'entrer et visiter en tout temps les ateliers, boutiques et magasins des imprimeurs et libraires.

SECTION II.

De la police, de la librairie et imprimerie.

6. Les imprimeurs et libraires de tous les départemens, où ils seront au nombre de douze, seront réunis en compagnie par département, et nommeront un syndic et deux adjoints au moins, quatre au plus.

7. S'il n'y a pas douze libraires dans un département, on réunira les libraires de plusieurs départemens, pour former une compagnie et nommer un syndic.

8. Les syndics tiendront un registre de tous les imprimeurs et libraires de leur syndicat, et seront chargés de correspondre avec les autorités administratives pour tout ce qui concerne la police de leur profession, de donner leur avis et d'exécuter leurs ordres.

9. Chaque imprimeur ou libraire, indépendamment des

livres à la tenue desquels il est obligé par le Code de commerce, sera tenu d'avoir un livre coté et paraphé, pour le préfet du département, où il inscrira le titre de chaque manuscrit qu'il imprimera ou donnera à imprimer, avec le nom de l'auteur.

10. Les syndics ou adjoints, et tous les officiers de police, auront le droit de se faire représenter ce livre, et de le viser quand bon leur semblera.

SECTION III.

Des examens.

11. Les examens seront faits par un conseiller ou inspecteur de l'université, le syndic de l'arrondissement, deux des inspecteurs de l'imprimerie et librairie, dont il sera parlé au titre 4, section 2, le procureur impérial du tribunal de première instance du chef-lieu du département, sous la présidence du préfet.

12. Les imprimeurs seront examinés sur la connaissance des langues latine et française ou italienne, sur la lecture de la langue grecque, et sur les connaissances de leur art.

Les libraires seront examinés sur la connaissance de la langue française, la lecture des langues latine et grecque, et les connaissances utiles à leur profession.

Les autres règles et formalités des examens seront déterminées par un règlement particulier, selon ce qui est dit ci-après au titre 5, section première.

TITRE II.

Du droit d'imprimer et débiter des livres.

SECTION Ire.

Des formalités à remplir par les auteurs ou imprimeurs.

13. Chacun peut imprimer ou faire imprimer ce qu'il veut, pourvu que rien ne soit nuisible à la paix intérieure de l'État, à ses intérêts politiques et aux mœurs.

14. La réparation des injures faites ou préjudice porté aux particuliers, sera toujours poursuivie devant les tribunaux, sans que l'autorité publique puisse intervenir.

15. Le gouvernement empêchera de publier ce qui sera nuisible à la paix intérieure de l'État, à ses intérêts politiques et aux mœurs.

16. Nul ne pourra imprimer ou faire imprimer aucun ouvrage ou manuscrit, sans déclarer au préfet de son département et sans insérer en tête le titre de l'ouvrage et le nom de l'auteur ou celui de l'imprimeur. Le préfet en donnera sur-le-champ connaissance aux ministres de l'intérieur et de la police.

Au cas que le nom de l'auteur ne soit pas en tête de l'ouvrage, l'imprimeur sera seul responsable, s'il ne peut faire connaître le nom de l'auteur.

17. Le gouvernement pourra faire prendre communication des ouvrages donnés à l'impression avant leur publication, et la prohiber, en tout état de cause, s'ils paraissent au tribunal de librairie, dont il sera parlé ci-après, nuisibles à la paix intérieure ou aux intérêts politiques de l'État, ou aux mœurs, et si le collége de censure rend une décision à cet égard, ainsi qu'il sera dit au titre suivant.

18. L'auteur ou l'imprimeur pourra, avant d'imprimer, présenter son manuscrit pour faire examiner s'il ne serait pas dans le cas prévu par l'article précédent.

SECTION II.

Du mode d'exercice de la surveillance par le gouvernement.

19. Il y aura un tribunal de librairie chargé de l'examen des manuscrits, dans les cas prévus par les articles précédens.

20. Ce tribunal sera composé d'un président, de douze censeurs ayant voix délibérative, et de huit assesseurs chargés des rapports, tous nommés par nous.

21. Le grand maître de l'université aura droit de séance à ce tribunal, quand il le jugera convenable, avec voix délibérative.

22. Le tribunal de la librairie décidera aux deux tiers des voix : le président aura la prépondérance en cas de partage.

23. Quand le tribunal prohibera la publication d'un ouvrage, il ne le pourra qu'en le déclarant nuisible à la paix publique, ou aux mœurs, seuls rapports sous lesquels l'examen soit permis.

24. Les manuscrits présentés à l'examen par les auteurs ou imprimeurs, seront enregistrés au secrétariat du tribunal de librairie, et il en sera donné récépissé.

Leur remise à l'auteur, sans notification de prohibition, en autorisera suffisamment la publication, et ils ne pourront plus être prohibés par le tribunal.

25. Il y aura recours contre ses décisions au conseil d'Etat.

26. En ce cas, le président remettra au ministre de l'in-

térieur les motifs de sa décision, pour être joints à son rapport. L'auteur pourra remettre au secrétariat général du conseil d'État, un mémoire apologétique manuscrit.

27. Le ministre de la police pourra aussi se pourvoir au conseil d'État, contre les décisions du tribunal de librairie : il y sera statué sur son rapport, en remplissant ce qui est prescrit à l'article précédent.

28. Les ouvrages publiés et signés par les membres de l'institut de France, ne seront pas soumis à l'inspection du tribunal de librairie.

SECTION III.

Des livres imprimés à l'étranger.

29. Aucun livre en langue française ou latine, imprimé à l'étranger, ne pourra entrer en France sans payer un droit, pour lequel il sera fait un tarif spécial, lequel ne pourra être au-dessous de cinquante pour cent de la valeur de l'ouvrage.

30. Aucun livre en langue française ou étrangère, imprimé ou réimprimé hors de France, ne pourra être introduit en France sans une permission du ministre de l'intérieur donnée sur l'avis du tribunal de librairie, et annonçant le bureau de douanes par lequel il entrera.

31. En conséquence, tout ballot de livres venant de l'étranger, sera mis, par les préposés des douanes, sous corde et sous plomb, et envoyé à la préfecture la plus voisine.

32. Si les livres sont reconnus conformes à la permission, chaque exemplaire, ou le premier volume de chaque exemplaire, sera marqué d'une estampille à la préfecture du département, et ils seront remis au propriétaire.

TITRE III.

De la propriété et de sa garantie.

33. Le droit de propriété est garanti à l'auteur et à sa veuve pendant leur vie, et à leurs enfans pendant vingt ans.

34. L'auteur peut céder son droit à un imprimeur ou libraire, *ou à toute autre personne*, qui est alors substituée en son lieu et place, pour lui et ses ayans-cause, comme il est dit à l'article précédent.

35. L'individu qui aura fait le premier sa déclaration pour la traduction ou la publication d'un ouvrage imprimé ou publié à l'étranger, jouira, en France, des droits d'auteur, pour sa traduction ou sa publication en langue originale.

Toutefois, tout autre traducteur pourra imprimer une traduction nouvelle et le texte en regard.

TITRE IV.

Des contraventions ; de la manière de les constater et de les punir.

SECTION Ire.

Des contraventions, et des peines y appliquées.

36. Il y aura lieu à confiscation et amende au profit de l'État, dans les cas suivans :

1°. Si l'ouvrage est sans nom d'auteur ou d'imprimeur ;

2°. Si l'auteur ou l'imprimeur n'a pas fait, avant l'impression de l'ouvrage, la déclaration prescrite par l'art. 16 ;

3°. Si, l'ouvrage ayant été présenté à l'examen selon l'article 18, il n'a pas été rendu à l'auteur ou imprimeur, conformément au §. 2 de l'article 24.

4°. S'il est publié malgré la défense du tribunal de librairie ;

5°. S'il est imprimé à l'étranger, et est présenté à l'entrée sans permission, ou circule sans être estampillé ;

6°. Si c'est une contrefaction, c'est-à-dire, si c'est un ouvrage imprimé sans le consentement et au préjudice de l'auteur, *ou du traducteur ou éditeur pour les ouvrages imprimés ou publiés à l'étranger*, ou de leurs ayans-cause.

37. Dans ce dernier cas, il y aura lieu, en outre, à des dommages-intérêts envers l'auteur *ou traducteur et éditeur*, ou leurs ayans-cause ; et l'édition ou les exemplaires contrefaits seront confisqués à son profit.

38. Les peines seront prononcées et les dommages-intérêts seront arbitrés par les tribunaux correctionnels.

39. L'amende sera de trois cents francs au moins, et de trois mille francs au plus.

SECTION II.

De ceux qui pourront surveiller les contrevenans et dresser des procès-verbaux.

40. Il y aura huit inspecteurs de l'imprimerie et librairie, dont quatre sous les ordres et à la nomination du ministre de la police ; et quatre sous les ordres et à la nomination du ministre de l'intérieur.

41. Ces inspecteurs, tous les commissaires et agens légaux de la police administrative ou judiciaire, les syndics et adjoints de la librairie, les préposés des douanes pour les livres venant de l'étranger, pourront constater toute contravention, faire toutes visites, saisies et procès-verbaux.

42. Les procureurs généraux ou impériaux seront tenus de poursuivre d'office, dans tous les cas prévus à la section

précédente, sur la simple remise des procès-verbaux dûment affirmés.

TITRE V.

Dispositions diverses.

SECTION Ire.

Mesures générales.

43. Chaque imprimeur sera tenu de déposer à la préfecture de son département cinq exemplaires de chaque ouvrage, savoir :

Un pour la bibliothèque impériale,

Un pour le ministre de l'intérieur,

Un pour celui de la police,

Un pour la chambre syndicale de son arrondissement,

Un pour le tribunal de librairie.

44. Le produit des confiscations et amendes au profit de l'État, perçu par les agens du domaine, sera versé à la caisse de la police générale, et affecté au paiement des inspecteurs de l'imprimerie et de la librairie.

45. Il sera statué par des réglemens particuliers sur ce qui concerne,

1°. Les imprimeurs, leur réception, leur examen, leur police ;

2°. Les libraires, sous les mêmes rapports ;

3°. Les libraires étaleurs ;

4°. Les fondeurs de caractères ;

5°. Les graveurs ;

6°. Les relieurs et toutes les autres parties de l'art ou du commerce de l'imprimerie et librairie.

46. Ces réglemens seront proposés par la chambre syn-

dicale de Paris, communiqués aux autres chambres syndicales de l'empire, et arrêtés en conseil d'Etat, sur le rapport des ministres de l'intérieur et de la police.

SECTION II.

Des imprimeurs et libraires actuellement exerçant.

Art. 47. Sont dispensés d'examen et maintenus dans l'exercice de leur profession, tous les imprimeurs et libraires qui s'y livrent en ce moment et sont pourvus de patentes.

48. Ils seront tenus toutefois de faire la déclaration et d'obtenir l'autorisation mentionnée à l'art. 1er du présent décret.

49. Nos ministres sont chargés, chacun en ce qui le concerne, de l'exécution du présent décret, qui sera inséré au Bulletin des lois.

Le Projet ci-dessus est discuté.

N*** demande quelles questions le fond du système fait naître.

M. le comte Regnaud dit que la principale est celle de savoir comment sera organisée la surveillance qui doit être excercée sur la publication des ouvrages.

N*** ordonne que la partie du projet qui se rapporte à cette question sera discutée.

M. le comte de Ségur dit qu'à cet égard le projet lui semble établir le meilleur système qu'on puisse adopter. Il a été reconnu que la censure absolue n'entraînerait qu'inconvéniens et abus. Cependant, il faut donner une garantie au gouvernement, aux imprimeurs et aux auteurs. Le gouvernement trouve la sienne dans le droit qui lui est réservé de supprimer les livres dangereux; les auteurs et les imprimeurs dans la faculté qu'ils ont de soumettre les ouvrages à l'examen d'un tribunal. S'ils négligent cette précaution, ils consentent à porter la responsabilité de l'écrit; ils ne peuvent plus imputer qu'à eux-mêmes le tort que leur fait la suppression lorsqu'elle est prononcée.

M. le comte Pelet ne voit pas dans le projet de garantie suffisante, soit pour le gouvernement, soit pour les auteurs.

Comment une assemblée de vingt personnes pourrait-elle assez connaître la pensée intime du gouvernement pour savoir si un ouvrage blesse ou contrarie l'intérêt de l'État? Ce discernement ne peut appartenir qu'au chef du gouvernement ou à l'un de ses ministres.

D'un autre côté, la surveillance que le projet établit sera nulle, précisément parce qu'elle est confiée à deux ministres : il est presqu'impossible qu'ils ne se heurtent pas dans leur marche.

A l'égard des intérêts des auteurs, ils ne sont nullement à couvert.

D'abord, il n'est pas possible qu'un syndic, qui a sous lui plusieurs départemens, exerce sur tous une surveillance assez exacte pour apercevoir les contrefaçons. Il ne faut pas même croire qu'il fera tout ce qu'il sera en son pouvoir, puisque ses fonctions sont gratuites; ou plutôt on doit craindre qu'il ne tire un salaire des contrefacteurs eux-mêmes.

Ensuite, chacun sait que les contrefaçons sont faites par les imprimeurs les plus opulens: or, d'après le projet, ce seraient eux qui se trouveraient chargés de les surveiller.

M. le comte DE SÉGUR dit que le tribunal aura toujours les lumières nécessaires pour discerner les ouvrages dangereux, attendu que, dans la crainte de se tromper, il ne manquera pas de consulter le ministre. Mais, si le ministre prononçait directement, sa décision serait l'ouvrage de ses bureaux.

M. le comte REGNAUD dit que, si les principes de M. Pelet étaient adoptés, la volonté du ministre de la police deviendrait la loi suprême: or, c'est là ce que le chef du gouvernement ne veut pas. Il s'en est formellement expliqué dans la séance du 24 août 1808. M. Regnaud fait lecture de l'opinion émise alors par le chef du gouvernement. Il ajoute que la section a rédigé conformément à ces idées.

M. le chevalier Portalis dit que le projet est vicieux dans ses bases, en ce qu'il considère tout à la fois l'imprimerie et la librairie comme une branche de l'industrie nationale et comme un objet de police. En les envisageant sous le premier rapport, le but de la loi doit être de leur laisser la plus grande latitude : en les envisageant sous le second, on est forcé de leur donner des limites.

Que le gouvernement ait le pouvoir de restreindre la liberté indéfinie de la presse, c'est une vérité incontestable. On ne saurait contester à la police le droit de surveiller ce qui se dit, ce qui s'écrit : ce droit est un de ceux qui lui sont nécessaires pour maintenir la sûreté et la tranquillité de l'État. Dans tous les gouvernemens, on surveille ceux qui haranguent dans les lieux publics et à certain nombre de personnes ; à plus forte raison, doit-il en être ainsi pour ceux qui, par leurs écrits, parlent à tous les hommes.

On a souvent répété que le droit d'imprimer sa pensée est une faculté naturelle et que dès-lors la loi ne doit pas la restreindre.

C'est là une fausse idée : l'imprimerie est une invention sociale, et, à ce titre, la faculté d'en user doit être réglée par l'autorité. Il faut que le gouvernement empêche d'en abuser contre la société.

Le projet n'atteint pas ce but.

Il permet à tous les auteurs de publier leurs ouvrages sans les soumettre à un examen préalable : seulement il veut qu'alors le ministre puisse les arrêter s'ils sont reconnus dangereux.

Dans ce système, le remède vient trop tard ; le livre n'est supprimé qu'après avoir produit sur les esprits l'impression qu'il importoit de prévenir.

On répondra, qu'au moyen de la déclaration à laquelle on oblige l'auteur ou l'imprimeur, le ministre est averti, et qu'il ne manquera pas de se faire représenter tous les manuscrits.

S'il en est ainsi, la censure facultative devient absolue, et alors autant vaut établir ouvertement cette dernière.

On objecte que, dans d'autres temps, la censure absolue n'est point parvenue à arrêter la publication des mauvais livres.

Ici l'on se méprend évidemment sur les causes. Ce n'est pas à l'impuissance de la censure qu'il convient d'attribuer les effets dont on parle ; c'est à l'esprit qui les dirigeait : alors le gouvernement était faible, ses principaux ministres étaient imbus des idées nouvelles, les censeurs les partageaient aussi, ou n'osaient les proscrire. Mais sous un gouvernement sage et vigoureux, les censeurs feront leur devoir.

Tout ce qu'on peut craindre, c'est qu'ignorant quel est, pour le moment, l'intérêt de l'Etat, ils ne laissent passer des ouvrages que les circonstances devraient faire écarter.

On préviendra cet inconvénient en organisant la censure de manière qu'elle reçoive sa direction du ministre. Il serait difficile d'indiquer à l'instant les moyens par lesquels on arriverait à cette organisation ; mais on conçoit que ces moyens existent, et c'est assez.

M. le comte Berlier pense, au contraire, que le projet remplit parfaitement son objet.

Il repose sur deux principes :

L'un, que le gouvernement peut envoyer à la censure les manuscrits qu'il lui plaît ;

L'autre, que l'auteur peut les y porter spontanément.

Dès lors le gouvernement et les auteurs ont réciproquement toutes les garanties qu'ils peuvent désirer.

Il se peut que la liberté de la presse ne soit pas au nombre des droits naturels de l'homme, mais du moins elle est de convenance ; pourquoi donc l'abolir, lorsqu'on peut en prévenir les abus sans la blesser?

Ce qu'on a dit que le projet confond deux choses qui sont très-distinctes, est dénué de fondement : le projet ne confond rien ; il traite seulement deux objets différens.

M. le comte Molé dit que le vice du projet est de laisser le gouvernement sans garantie. Il ne permet pas à l'autorité publique d'arrêter les ouvrages avant leur publication ; il se borne à punir les auteurs d'écrits dangereux ; dès-lors, quiconque consent à braver la peine, a la certitude de faire paraître son livre.

M. le comte Regnaud dit que le gouvernement étant averti par la déclaration préalable, il se trouve en état d'empêcher la publication des ouvrages nuisibles.

M. le comte Molé répond que le titre seul n'éveille pas l'attention, lorsqu'il n'y a rien de frappant. Ainsi, le livre le plus dangereux s'imprimera, se répandra, séduira les esprits, pervertira les cœurs, et l'on n'en connaîtra le danger qu'après qu'il aura fait tous ces ravages. Certes, alors ce ne sera pas la punition de l'auteur qui réparera le mal que l'ouvrage aura produit.

Il y a plus, en supposant même que le ministre aperçoive à temps les inconvéniens d'un livre, il n'est pas armé d'un pouvoir suffisant pour les prévenir, car c'est le tribunal qui décide, et il se peut même que le ministre soit obligé de venir plaider devant le conseil d'Etat.

M. le comte Regnaud dit qu'aujourd'hui le ministre sait bien se faire représenter tous les ouvrages nouveaux sans que rien de particulier l'avertisse de leur existence : il le pourra faire bien plus facilement encore lorsqu'aucun ne paraîtra sans être précédé d'une déclaration.

Les anciens censeurs ont été d'un très-faible secours au gouvernement ; mais pourquoi ? parce qu'ils étaient circonvenus par le parti de l'auteur. Il y a de cela une foule d'exemples. Un seul homme n'offre jamais une garantie, mais bien un tribunal, surtout lorsque le conseil du prince plane au-dessus de lui.

La censure absolue ne sera jamais qu'un obstacle aux progrès des lumières.

M. le comte de Ségur dit qu'il y a peut-être une réponse plus directe à opposer à ce que vient d'avancer M. Molé. Le droit de censure sera toujours illusoire dans la main du ministre, parce qu'il est impossible au ministre de prendre connaissance de tous les ouvrages qui paraissent, et que cependant le poison peut être caché, même dans un simple almanach.

Quant aux censeurs, jamais un seul homme ne se trouvera assez fort pour oser braver les haines et tenir tête à un auteur appuyé par des protecteurs puissans, ou par un nombreux parti.

M. le comte Molé réplique que de ce que le ministre ne peut pas lire tous les ouvrages, il n'en résulte pas qu'il faille le dispenser d'en lire aucun.

On oppose sans cesse les entraves que la censure mettra, dit-on, au développement des connaissances humaines.

On ne prend pas garde que les ouvrages qui ont le plus contribué à les étendre ont tous été imprimés sous le régime des censeurs. Et assurément, ce ne sera pas dans le siècle actuel qu'ils feront rétrograder les lumières.

M. le comte Regnaud dit, que les livres dont parle M. Molé, ont tous été imprimés dans l'étranger. Jamais on n'en a autorisé ouvertement la circulation en France. Ils n'y ont été introduits qu'en vertu d'une permission tacite et d'une simple tolérance de la part de l'autorité, ce qui a le grand inconvénient d'ouvrir la porte indistinctement à tous les ouvrages.

A l'égard des censeurs, il est indubitable que chacun jugera les livres d'après l'opinion qui le domine et qu'il prohibera quelquefois la publication de très-bons écrits. C'est ainsi que le rapport de M. Portalis sur les cultes a été mis à l'index en Espagne, et, qu'ailleurs, le dernier ouvrage de M. de Gerando a été défendu. Il serait très-dangereux de créer un état de choses où des employés de la police deviendraient les juges d'auteurs plus éclairés qu'eux, et pourraient, par un esprit de jalousie, par ignorance ou par passions, étouffer de bons livres dès leur naissance. On découragerait les talens, on paralyserait le génie.

M. le chevalier Portalis dit que ces exemples supposent que son opinion tend à établir une inquisition sur la pensée, mais qu'il est bien loin de vouloir arrêter le progrès des lumières.

L'institution qu'il propose n'a pas pour objet de mettre des entraves aux découvertes qu'on peut faire dans les sciences, ni d'empêcher que les limites des connaissances humaines ne soient reculées, mais seulement de prévenir la détérioration des sciences morales, laquelle entraîne celle de la civilisation. En effet, tant que la civilisation n'est pas arrivée à son terme, ce serait se priver des moyens de la perfectionner que d'interdire la publication d'idées nouvelles. Quand, au contraire, la civilisation est formée, les opinions qui tendent à la changer, tendent à la faire rétrograder. Ainsi, dans cet état de choses, il y a nécessité de soumettre à un examen les ouvrages qui paraissent.

La difficulté de les lire tous est facile à lever : il ne faut que donner au tribunal de censure, un nombre assez considérable d'assesseurs pour qu'il puisse suffire aux examens.

Au reste, c'est précisément parce que les ouvrages nouveaux sont nombreux, qu'il devient facile aux auteurs de détourner, par un faux titre, l'attention du ministre et de tromper sa vigilance.

M. Portalis n'est pas touché de l'objection que la censure absolue soumet quelquefois les auteurs à des juges moins éclairés qu'eux. Il observe que cela est dans la nature des choses : souvent des hommes de génie se trouvent sous l'administration de magistrats qui sont loin de les égaler en lumières. D'ailleurs, les censeurs n'ont pas à prononcer sur le mérite littéraire de l'ouvrage : leur ministère se borne à examiner s'il ne contient rien de dangereux ; or, pour porter ce jugement, il ne faut qu'un sens droit et des intentions pures.

N*** demande l'avis de M. Louis, maître des requêtes.

M. le baron Louis dit que le projet lui paraît donner, et au gouvernement, et aux auteurs toute la garantie qu'il peuvent désirer. La déclaration préalable éveillera l'attention de la police. S'il est possible que, par une fausse indication, on parvienne à la tromper, ce cas sera très-rare, et la peine à laquelle il exposerait l'auteur le rendra plus rare encore. Au reste, il vaut mieux courir les chances de cet inconvénient, peu ordinaire, que d'étouffer la pensée : ce qui arriverait infailliblement si tous les ouvrages devaient être soumis à la censure avant leur publication.

M. Giunti ajoute que la censure absolue n'empêchera pas un insensé de publier clandestinement un pamphlet. Dans cette matière, on ne doit compter que sur la vigilance de la police.

M. le comte Neri Corsini pense que la censure spéciale et absolue, n'est nécessaire que pour les feuilles périodiques.

M. le comte de Cessac, dit que, pour rassurer ceux qui craignent que la police ne soit trompée par le titre, dans les départemens surtout, on pourrait obliger l'auteur à joindre à sa déclaration une analyse sommaire de l'ouvrage.

M. le comte Regnaud dit qu'un auteur malintentionné n'induirait pas moins la police en erreur par l'analyse que par le titre de son livre.

La simple déclaration suffit, même dans les départemens; car, lorsque l'auteur se fera connaître, le préfet sera en état de juger si l'ouvrage doit inspirer de la défiance; et lorsque l'auteur gardera l'anonyme, le préfet ne manquera pas d'envoyer le livre à l'examen.

M. le comte de Cessac dit que la crainte d'une peine plus grave empêchera les auteurs de présenter de fausses analyses.

M. le comte de Ségur dit qu'il n'est pas besoin de tant de précautions à l'égard des auteurs qui déclarent leurs ouvrages; on peut être persuadé que ceux-là sont de bonne foi.

M. le comte Berlier dit qu'en effet les ouvrages qui paraissent sous le nom de l'auteur ne sont pas suspects. Quiconque veut nuire a grand soin de se cacher.

M. le comte de Ségur dit que l'essentiel est d'établir une peine très-sévère contre les auteurs d'écrits dangereux qui ont fui les regards de la police.

M. le comte Molé dit que cette peine ne peut jamais être assez rigoureuse pour arrêter l'auteur qui, par esprit de parti, par combinaison, même par exaltation, veut répandre des erreurs dangereuses.

M. le comte Berlier dit que ces auteurs se soustrairaient également à la censure absolue.

Au reste, le projet de Code pénal les punit d'un emprisonnement assez long pour qu'ils en soient effrayés.

M. le comte Molé dit que ceux qui soutiennent le projet et ceux qui l'attaquent partent de deux points bien différens. Les premiers ne veulent atteindre que l'auteur, les autres veulent atteindre l'ouvrage. Le projet remplit parfaitement le premier objet, mais il est nul par rapport au second.

M. le comte Regnaud répond que le projet n'a dû s'occuper que des ouvrages qui se vendent chez les libraires. La loi sera toujours impuissante contre les écrits qui sont colportés clandestinement : tous les efforts de l'autorité n'ont jamais pu arrêter la distribution des feuilles ecclésiastiques.

N*** dit que, si l'on suppose un gouvernement faible, on a raison de dire que la licence des écrits clandestins ne peut être réprimée; mais il faut se placer dans l'hypothèse où le gouvernement a toute la force qui lui convient. Alors ces excès sont certainement réprimés. Par exemple, il a paru, il y a quelque temps, un bulletin à la main rempli de mensonges : on le payait au poids de l'or dans l'étranger. Le chef du gouvernement en a connu les auteurs immédiatement après la publication du premier numéro; il leur a fait déclarer qu'il donnerait l'ordre de les mettre au Temple si un second numéro était distribué : aussitôt tout a cessé. En Autriche, les ouvrages de Voltaire et de J.-J. Rousseau sont inconnus. Il n'en existe que quelques exemplaires cachés dans la bibliothèque d'une ou deux personnes d'un rang élevé. C'est donc la force du gouvernement et non la censure qui arrête la propagation des écrits.

Maintenant, qu'est-ce que la censure?

C'est le droit d'empêcher la manifestation d'idées qui troublent la paix de l'État, ses intérêts et le bon ordre.

La censure doit donc être appliquée suivant le siècle où l'on vit et les circonstances où l'on se trouve.

Sous ce rapport, on peut distinguer trois époques différentes.

Il y a d'abord les siècles barbares, où tout était sous la puissance des papes, l'autorité du clergé, l'empire des moines. Dans ces temps, on devait nécessairement lier et rapporter toutes les études aux sciences ecclésiastiques.

Cependant les excès des papes et du clergé ont fini par blesser et révolter les souverains. Ils ont cherché à y opposer une digue. Dans cette intention, ils ont encouragé les lettres et propagé l'étude des anciens : elle était très-propre à détruire les idées fausses qui dominaient à cette époque. Les circonstances ont servi leurs projets : les dépositaires de ce qui restait des anciennes connaissances venaient de fuir de l'Orient ; les Médicis et François Ier les recueillirent. Alors on vit paraître des ouvrages où les préjugés n'étaient pas ménagés. Joseph II est le dernier souverain qui ait protégé les opinions nouvelles et hardies.

Depuis, tout a changé : on ne redoute plus les papes, on ne redoute plus le clergé, mais on peut craindre cette fausse philosophie qui, soumettant tout à l'analyse, tombe dans le sophisme, et, aux anciennes erreurs, substitue des erreurs nouvelles. Peut-être que, par l'effet de cette crainte, la censure comprimerait la philosophie véritable.

D'un autre côté, si elle n'écarte pas les ouvrages qui, sans attaquer précisément l'Etat, blessent cependant les maximes reçues, elle semblerait les sanctionner. Par exemple, pourrait-elle, sans paraître blesser toutes les religions qu'on suit en France, laisser passer un livre où l'on enseignerait que le monde dure depuis vingt mille ans?

M. le chevalier Portalis observe que cela dépend des lois prohibitives qui existent dans l'Etat. Là où il y a une religion dominante, la censure doit sans doute repousser tout livre qui en contrarie les principes. Mais en France, nulle religion ne domine : toutes les religions y sont tolérées, quelques-unes sont organisées, mais sans obtenir de prééminence. Ainsi, parmi nous les écrits contre la religion ne sauraient devenir des attentats.

Doit-on en conclure qu'il faut permettre d'attaquer directement la religion?

Non, si l'attaque est dirigée contre la morale : si elle l'est contre le dogme, il n'est pas possible de l'empêcher.

N*** dit que, par le fait, la religion chrétienne est la religion nationale, puisqu'elle est professée par la plus grande partie des Français. Les points qui divisent les protestans des catholiques n'empêchent pas que les uns et les autres ne s'accordent sur le fond de la doctrine. L'autorité doit donc faire respecter la religion chrétienne. Paraîtrait-elle le faire, si elle approuvait un livre qui donnerait au monde une existence beaucoup plus longue que celle qui lui est assignée par l'Écriture. Aujourd'hui, au contraire, où l'autorité n'approuve aucun écrit, cette erreur peut être prêchée par un insensé sans qu'on en tire les mêmes conséquences. Que serait-ce donc si, au lieu d'un livre qui ne blesse la religion que dans quelques points, il s'agissait d'un écrit qui, comme celui de Dupuy, fût tout entier dirigé contre elle ?

La censure laissera-t'-elle imprimer cet écrit ?

Si elle l'admet, elle se prononce contre la religion. Si elle peut le rejeter, elle est dangereuse. L'embarras sera bien plus grand encore, quand il faudra prononcer sur les questions de morale, qui sont extrêmement délicates.

Voilà les inconvéniens de la censure forcée. Voyons maintenant si elle peut avoir des effets utiles.

Si l'on veut qu'elle en ait, ce ne serait pas assez de lui donner le droit de supprimer les ouvrages, il faut encore lui permettre de les épurer. Alors tous les livres nouveaux seront parfaitement conformes à l'esprit du gouvernement ; au lieu que si la censure ne peut que les supprimer, les auteurs iront toujours jusqu'au point où ils pourront aller sans s'exposer à la suppression, et ils pourront aller fort loin encore, car quelques pages hardies ne décideraient pas à arrêter un écrit. D'ailleurs, chacun sait que brûler un livre imprimé, c'est en faire la fortune, c'est propager le mal qu'il peut opérer. Il vaudrait mieux, n'y pas faire attention.

Le projet est donc insuffisant en ce qu'il n'autorise pas la censure à forcer l'auteur de cartonner son ouvrage.

M. le comte Regnaud observe que l'article 17 donne ce droit à la censure.

N*** dit que cet article n'a d'effet qu'autant que la police renvoie l'ouvrage au tribunal de censure. Or, la police ne connaît point du tout les livres qui s'impriment dans les départemens, et très-peu ceux qui s'impriment à Paris. Si l'on veut qu'elle porte son attention sur tous les écrits nouveaux, il faut le dire et lui donner des agens.

M. le comte Regnaud observe que le ministre aura droit de se faire représenter tous les ouvrages qui paraîtront.

M. le comte Molé dit que le mal n'en sera pas moins fait.

M. le comte Regnaud répond que le ministre peut facilement le prévenir, puisqu'il est autorisé à faire examiner les ouvrages avant qu'ils soient imprimés. Dès-lors, il arrivera ce que désire N***. On proposera à l'auteur de corriger son livre. S'il s'y refuse, on le jugera, et le livre sera prohibé.

A l'égard de la censure absolue, ce ne sera pas assurément sous le gouvernement actuel qu'on osera en abuser; mais elle survivra à ce règne, et alors rien ne garantit qu'un jour elle ne tombera pas entre les mains d'un parti qui la tournera peut-être contre le gouvernement lui-même.

M. le baron Pasquier convient que les bons ou les mauvais effets de la censure dépendent beaucoup du caractère des censeurs. Mais ce ne sera pas le système proposé qui en préviendra les abus. Un ministre dépourvu d'idées libérales, arrêtera les livres qu'il lui plaira, et les fera prohiber par le tribunal, qui se conformera infailliblement à ses volontés. Dans cette matière, il est difficile de trouver un système mitoyen; on ne peut que choisir entre la liberté indéfinie de la presse et la censure absolue. Cette dernière existoit autrefois dans le droit et non dans le fait; aujourd'hui elle existe déjà par le fait : on ne change donc rien quand on l'établit par le droit.

N*** dit qu'aujourd'hui il y a absence absolue de censure, et qu'il est utile d'en établir une quelconque. Mais le projet l'organise mal, car il accorde le provisoire au ministre sans régulariser son action, sans lui donner des agens.

On pourrait, dans les départemens, charger les sous-préfets d'inspecter la publication des ouvrages dans les lieux où il n'y a pas de préfet.

Il conviendrait aussi de placer un ministère public près de ce tribunal.

Le Projet, ainsi que les diverses propositions et amendemens sont renvoyés à la section pour présenter une rédaction nouvelle.

SÉANCE

Du 28 Novembre 1809.

M. le comte REGNAULT, d'après le renvoi fait à la section de l'intérieur, dans la séance du 25 novembre, présente une nouvelle rédaction du projet de l'imprimerie et de la librairie.

LE PROJET est ainsi conçu :

TITRE Ier.

Organisation de l'imprimerie et de la librairie.

SECTION Ire.

Dispositions générales.

Art. 1er. A compter du 1er janvier prochain, nul ne pourra exercer la profession d'imprimeur ou libraire, sans avoir 1° fait la déclaration de son intention au préfet de son département ; 2° subi un examen de capacité ; 3° obtenu une autorisation spéciale du préfet de son département, visée et en registrée aux ministères de l'intérieur et de la police.

2. Les deux professions seront distinctes et auront des réglemens séparés.

Néanmoins la profession de libraire pourra être cumulée

avec celle d'imprimeur, sous la seule condition d'en faire la déclaration et d'observer les doubles règles qui seront établis.

3. Tout individu qui exercerait la profession d'imprimeur ou libraire sans avoir rempli les conditions exigées par l'art. 1er, sera traduit au tribunal correctionnel, puni d'une amende de 2000 fr. au plus, de confiscation des presses, caractères, ustensiles, impressions et livres, et même, si le cas y échet, d'une détention qui ne pourra excéder deux ans.

4. Tout imprimeur ou libraire qui aura fait faillite, ou qui aura été condamné trois fois pour contravention aux lois et réglemens touchant la librairie, pourra être privé de l'exercice de sa profession par décision du ministre de l'intérieur ou de la police, sauf le recours au conseil d'État.

5. Les officiers de police ont le droit d'entrer et visiter en tout temps les ateliers, boutiques et magasins des imprimeurs et libraires.

SECTION II.

De la police de la librairie et imprimerie.

6. Les imprimeurs et libraires de tous les départemens où ils seront au nombre de douze, seront réunis en compagnie par département, et nommeront un syndic et deux adjoints au moins, quatre au plus.

7. S'il n'y a pas douze libraires dans un département, on réunira les libraires de plusieurs départemens, pour former une compagnie et nommer un syndic.

8. Les syndics tiendront un registre de tous les imprimeurs et libraires de leur syndicat, et seront chargés de correspondre avec les autorités administratives pour tout ce qui

concerne la police de leur profession, de donner leur avis et d'exécuter leurs ordres.

7. Chaque imprimeur ou libraire, indépendamment des livres à la tenu desquels il est obligé par le Code de commerce, sera tenu d'avoir un livre coté et paraphé par le préfet du département, où il inscrira le titre de chaque manuscrit qu'il imprimera ou donnera à imprimer, avec le nom de l'auteur.

10. Les syndics ou adjoints, et tous officiers de police, auront le droit de se faire représenter ce livre, et de le viser quand bon leur semblera.

SECTION III.

Des examens.

11. Les examens seront faits par un conseiller ou inspecteur de l'université, le syndic de l'arrondissement, deux des inspecteurs de l'imprimerie et librairie, dont il sera parlé au titre IV, section II, le procureur impérial du tribunal de première instance du chef-lieu du département, sous la présidence du préfet.

12. Les imprimeurs seront examinés sur la connaissance des langues latine et française ou italienne, de la langue grecque, et sur les connaissances de leur art.

Les libraires seront examinés sur la connaissance de la langue française, la lecture des langues latine et grecque, et les connaissances utiles à leur profession.

Les autres règles et formalités des examens seront déterminées par un réglement particulier, selon ce qui est dit ci-après au titre V, section Ire.

TITRE II.

Du droit d'imprimer et débiter des livres.

SECTION PREMIERE.

Des formalités à remplir par les auteurs ou imprimeurs.

13. Chacun peut imprimer ou faire imprimer ce qu'il veut, pourvu que rien ne soit nuisible à la paix intérieure de l'État, à ses intérêts politiques et aux mœurs.

14. La réparation des injures faites ou préjudice porté aux particuliers, sera toujours poursuivie devant les tribunaux, sans que l'autorité publique puisse intervenir.

15. Le gouvernement empêchera de publier ce qui sera nuisible à la paix intérieure de l'État et à ses intérêts politiques et aux mœurs.

16. Nul ne pourra imprimer ou faire imprimer aucun ouvrage ou manuscrit, sans déclarer au préfet de son département et sans insérer en tête le titre de l'ouvrage et le nom de l'auteur ou celui de l'imprimeur. Le préfet en donnera sur-le-champ connaissance aux ministres de l'intérieur et de la police.

Au cas que le nom de l'auteur ne soit pas en tête de l'ouvrage, l'imprimeur sera seul responsable, s'il ne peut faire connaître le nom de l'auteur.

17. Le gouvernement pourra faire prendre communication des ouvrages donnés à l'impression avant leur publication, la suspendre, en tout état de cause, et la prohiber ensuite, s'ils paraissent au tribunal de librairie dont il sera parlé ci-après, nuisibles à la paix intérieure ou aux intérêts publiques de l'État ou aux mœurs, et si le tribunal de

librairie rend une décision à cet égard, ainsi qu'il sera dit au titre suivant.

18. L'auteur ou l'imprimeur pourra, avant d'imprimer, présenter son manuscrit pour faire examiner s'il ne serait pas dans le cas prévu par l'article précédent.

SECTION II.

Du mode d'exercice de la surveillance par le gouvernement.

19. Il y aura à Paris un tribunal de librairie chargé de l'examen des manuscrits, dans les cas prévus par les articles précédens.

20. Ce tribunal sera composé d'un président, de douze censeurs ayant voix délibérative et de huit assesseurs chargés des rapports, tous nommés par nous. Les fonctions du ministère public près le tribunal seront exercées par un procureur général et deux substituts, nommés aussi par nous; le tout sur la présentation de notre ministre de l'intérieur.

21. Le grand-maître de l'Université aura droit de séance à ce tribunal, quand il le jugera convenable, avec voix délibérative.

22. Le tribunal de la librairie décidera aux deux tiers des voix, après avoir entendu le procureur général; le président aura la prépondérance, en cas de partage.

23. Quand le tribunal prohibera la publication d'un ouvrage, il ne le pourra qu'en le déclarant nuisible à la paix publique ou aux intérêts politiques de l'État, ou aux mœurs, seuls rapports sous lesquels l'examen soit permis.

24. Les manuscrits présentés à l'examen par les auteurs ou imprimeurs, seront enregistrés au secrétariat du tribunal de librairie et il en sera donné récépissé.

Leur remise à l'auteur, sans notification de prohibition,

en autorisera suffisamment la publication, et ils ne pourront plus être prohibés par le tribunal.

25. Il y aura recours contre ses décisions au conseil d'État.

26. En ce cas, le président remettra au ministre de l'intérieur, pour être joints à son rapport, les motifs de la décision du tribunal et les conclusions motivées du procureur général. L'auteur pourra remettre au secrétariat général du conseil d'État un mémoire apologétique manuscrit.

27. Le ministre de la police pourra aussi se pourvoir au conseil d'État contre les décisions du tribunal de librairie; il y sera statué sur son rapport, en remplissant ce qui est prescrit à l'article précédent : l'impression sera suspendue jusqu'à la décision.

28. Les ouvrages publiés et signés par les membres de l'Institut de France, ne seront pas soumis à l'inspection du tribunal de librairie.

SECTION III.

Des livres imprimés à l'étranger.

29. Aucun livre en langue française ou latine, imprimé à l'étranger, ne pourra entrer en France sans payer un droit pour lequel il sera fait un tarif spécial, lequel ne pourra être au-dessous de cinquante pour cent de la valeur de l'ouvrage.

30. Aucun livre en langue française ou étrangère imprimé ou réimprimé hors de France ne pourra être introduit en France sans une permission du ministre de l'intérieur, donnée sur l'avis du tribunal de librairie, le procureur général entendu et annonçant le bureau de douanes par lequel il entrera.

31. En conséquence, tout ballot de livres venant de l'étranger sera mis, par les préposés des douanes, sous corde et sous plomb, et envoyé à la préfecture la plus voisine.

32. Si les livres sont reconnus conformes à la permission, chaque exemplaire ou le premier volume de chaque exemplaire sera marqué d'une estampille à la préfecture du département et ils seront remis au propriétaire.

TITRE III.

De la propriété et de sa garantie.

33. Le droit de propriété est garanti à l'auteur et à sa veuve, pendant leur vie, et à leurs enfans, pendant vingt ans.

34. L'auteur peut céder son droit à un imprimeur ou libraire, ou à toute autre personne, qui est alors substituée en son lieu et place, pour lui et ses ayans-cause, comme il est dit à l'article précédent.

35. L'individu qui aura fait le premier sa déclaration pour la traduction ou la publication d'un ouvrage imprimé ou publié à l'étranger, jouira, en France, des droits d'auteur, pour sa traduction ou sa publication en langue originale.

Toutefois, tout autre traducteur pourra imprimer une traduction nouvelle et le texte en regard.

TITRE. IV.

Des contraventions, de la manière de les constater et de les punir.

SECTION Ire.

Des contraventions et des peines y applicables.

36. Il y aura lieu à confiscation et amende au profit de l'État, dans les cas suivans :

8.

1°. Si l'ouvrage est sans nom d'auteur ou d'imprimeur ;

2°. Si l'auteur ou l'imprimeur n'a pas fait, avant l'impression de l'ouvrage, la déclaration prescrite par l'article 16 ;

3°. Si, l'ouvrage ayant été présenté à l'examen, selon l'article 18, il n'a pas été rendu à l'auteur ou imprimeur, conformément au § 2. de l'article 24 ;

4°. S'il est publié malgré la défense du tribunal de librairie ;

5°. S'il est imprimé à l'étranger et est présenté à l'entrée sans permission ou circule sans être estampillé ;

6°. Si c'est une contrefaçon, c'est-à-dire, si c'est un ouvrage imprimé sans le consentement et au préjudice de l'auteur, ou du traducteur ou éditeur pour les ouvrages imprimés ou publiés à l'étranger, ou de leurs ayans-cause.

37. Dans ce dernier cas, il y aura lieu en outre, à des dommages-intérêts envers l'auteur ou traducteur et éditeur ou leurs ayans-cause; et l'édition ou les exemplaires contrefaits seront confisqués à son profit.

38. Les peines seront prononcées et les dommages-intérêts seront arbitrés par les tribunaux correctionnels.

39. L'amende sera de trois cents francs, au moins, et de trois mille francs au plus.

SECTION II.

De ceux qui pourront surveiller les contrevenans et dresser des procès-verbaux.

40. Il y aura huit inspecteurs de l'imprimerie et librairie, dont quatre sous les ordres et à la nomination du ministre de la police, et quatre sous les ordres et à la nomination du ministre de l'intérieur.

41. Ces inspecteurs, tous les commissaires et agens légaux de la police administrative ou judiciaire, les syndics et adjoints de la librairie, les préposés des douanes, pour les livres venant de l'étranger, pourront constater toute contravention, faire toutes visites, saisies et procès-verbaux.

42. Les procureurs généraux ou impériaux seront tenus de poursuivre d'office, dans tous les cas prévus à la section précédente sur la simple remise des procès-verbaux dûment affirmés. Notre procureur général près le tribunal de librairie, aura le droit de provoquer leurs diligences et rendre compte à notre grand-juge ministre de la justice du retard ou du défaut de poursuites, s'il avait lieu, afin qu'il y soit pourvu.

TITRE V.

Dispositions diverses.

SECTION Ire.

Mesures générales.

43. Chaque imprimeur sera tenu de déposer à la préfecture de son département cinq exemplaires de chaque ouvrage, savoir :

Un pour la bibliothèque impériale;

Un pour le ministre de l'intérieur;

Un pour celui de la police;

Un pour la chambre syndicale de son arrondissement;

Un pour le parquet du tribunal de librairie.

44. Le produit des confiscations et amendes au profit de l'État, perçu par les agens du domaine sera versé à la caisse

de la police générale et affecté au paiement des inspecteurs de l'imprimerie et de la librairie.

45. Il sera statué par des réglemens particuliers sur ce qui concerne,

1°. Les imprimeurs, leur réception, leur examen, leur police;

2°. Les libraires, sous les mêmes rapports;

3°. Les libraires étaleurs;

4°. Les fondeurs de caractères;

5°. Les graveurs;

6°. Les relieurs, et toutes les autres parties de l'art ou du commerce de l'imprimerie et librairie.

46. Ces règlemens seront proposés par la chambre syndicale de Paris, et communiqués aux autres chambres syndicales de l'empire, et arrêtés en conseil d'État, sur le rapport des ministres de l'intérieur et de la police.

SECTION II.

Des imprimeurs et libraires actuellement exerçant.

47. Sont dispensés d'examen et maintenus dans l'exercice de leur profession tous les imprimeurs et libraires qui s'y livrent en ce moment et sont pourvus de patentes.

48. Ils seront tenus toutefois de faire la déclaration et d'obtenir l'autorisation mentionnée à l'article 1er du présent décret.

49. Nos ministres sont chargés, chacun en ce qui le concerne, de l'exécution du présent décret, qui sera inséré au Bulletin des lois.

Le Projet ci-dessus est discuté.

Les principales questions étant celles que fait naître le titre 2, ce titre est d'abord soumis à la discussion.

Les articles 13, 14, 15, 16, 17, 18, 19 et 20 sont adoptés sans observations.

N*** dit que puisqu'on donne au grand-maître séance au tribunal, il serait peut-être convenable de lui en déférer la présidence.

M. le comte Regnaud observe que ce serait trop augmenter son pouvoir.

N*** admet cette objection.

L'article 22 est discuté.

N*** dit qu'il ne voit pas pourquoi le tribunal de censure ne déciderait qu'aux deux tiers des voix; qu'il prononce comme tous les tribunaux et tous les corps délibérans à la majorité absolue.

L'article est adopté avec cet amendement.

Les articles 23, 24 et 25 sont adoptés sans observations.

L'article 26 est soumis à la discussion.

N*** dit qu'il est inutile de faire remettre au ministre les conclusions motivées du procureur-général, il suffit que la sentence soit motivée.

L'article est adopté avec le retranchement de ces mots et *les conclusions motivées du procureur-général.*

L'article 27 est discuté.

M. le comte DE SÉGUR demande que le pourvoi soit accordé à tous les ministres.

N*** adopte cet amendement et ajoute que le recours doit être également ouvert au procureur-général.

Il désirerait aussi qu'on organisât l'exécution de l'article 17, en accordant au ministre le droit d'établir dans les lieux où il le jugera nécessaire des inspecteurs de l'imprimerie pour prendre connaissance des ouvrages qu'on se propose de publier, et envoyer au ministre, avec leur avis, ceux qui leur paraîtront susceptibles d'être prohibés ou cartonnés, afin que le ministre puisse les déférer au tribunal de censure.

M. le comte REGNAUD demande si cette inspection ne sera pas exercée par les préfets dans les lieux où il n'y aura pas d'inspecteurs particuliers.

N*** dit que c'est ainsi qu'il conçoit le système.

L'Archichancelier dit que le pourvoi au conseil a beaucoup de difficultés. Il y a peut-être beaucoup d'inconvénient à porter des questions aussi délicates devant un des grands corps de l'État. Si la décision n'est pas conforme à l'opinion, il arrivera, ce qu'on a vu autrefois, qu'elle ne fera qu'accréditer l'ouvrage et l'auteur. Celui-ci se ménagera, dans sa défense même, des moyens d'acquérir de la célébrité. A la vérité, son mémoire ne peut être imprimé, mais il est facile d'en répandre des copies.

D'un autre côté, le territoire français est tellement étendu qu'il sera toujours difficile à un tribunal placé dans la capitale de discerner ce qui peut être nuisible suivant l'esprit de chaque localité. Ce serait là un motif de multiplier et de disséminer les censeurs, et, si l'on estime qu'un recours soit nécessaire, que le pourvoi soit porté devant un tribunal central, auquel le nom de collége conviendrait beaucoup mieux

M. le comte Regnaud dit que la dénomination de collége de censure a été proposée, mais que le chef du gouvernement a paru désirer que le jugement sur un ouvrage fût rendu dans des formes aussi solennelles que celles qui sont usitées dans les tribunaux.

N*** ordonne le renvoi du projet à la section pour présenter une nouvelle rédaction conforme aux observations faites dans le cours de la discussion.

SÉANCE

Du 7 décembre 1809, tenue au palais des Tuileries.

M. le comte Regnaud fait lecture d'un Rapport et d'un Projet de décret sur l'imprimerie et la librairie, présentés par le ministre de la police générale, depuis la séance du 28 novembre.

Ces Rapport et Projet sont ainsi conçus :

« Les longues discussions auxquelles l'organisation de l'imprimerie et de la librairie donne lieu, tiennent moins à la difficulté réelle de la matière, qu'à la complication des moyens par lesquels on prétend la régir. Il en est deux surtout qui, à ce premier défaut, joignent celui de manquer entièrement le but qu'on leur assigne. Ce sont les chambres syndicales à qui l'on confie la police de l'imprimerie, et un tribunal qu'on charge de de la censure des livres.

» Ces chambres syndicales dont on veut couvrir la France, sont de mauvaises institutions qui ne peuvent plaire qu'à quelques intrigans oisifs, et désespéreront les commerçans laborieux. Elles entraîneront une foule de réglemens inutiles, de lois pénales, de contraventions imaginaires. La tyrannie la plus insupportable pour les négocians, est celle qui donne à leurs propres rivaux le droit de visiter leurs ateliers et de connaître le secret de leurs opérations. Ces chambres étaient, avec raison, les plus décriées de toutes les jurandes.

» Considérées comme élément de police, elles sont un véritable contre-sens. Peut-on confier la surveillance à ceux mêmes qui doivent être surveillés? Ne sont-ce pas des imprimeurs et libraires qui composeront les chambres syndicales? Quel intérêt auront-ils à empêcher le commerce des livres dangereux, qui est souvent plus utile au marchand que celui des bons livres? L'impunité des contrefaçons sera désormais assurée. Par l'ordre naturel des choses, la librairie de Paris possède presque toutes les propriétés littéraires; aussi toutes les contrefaçons se font dans les départemens : l'esprit de localité les y favorise. Les chambres syndicales qui seront remplies, ou des plus hardis contrefacteurs, ou de libraires non propriétaires des éditions originales, deviendront les appuis naturels de la fraude, par intérêt ou par esprit de corps. Ainsi, en dernier résultat, les chambres syndicales, loin de suppléer à l'action tutélaire du gouvernement, ne seront qu'un moyen assuré de l'éluder.

» Avant de m'expliquer sur les inconvenances d'un tribunal de censure, qu'il me soit permis d'énoncer quelques idées sur cette matière.

» Il serait sans doute à désirer que toutes les productions de l'imprimerie fussent dignes de cette belle invention de l'esprit humain. Il semble au premier coup-d'œil qu'on obtiendrait cet avantage par le secours d'une censure nécessaire et préalable ; mais la réflexion détruit bientôt cette espérance. Chez une nation arrivée à un haut période de civilisation, il est une foule d'ouvrages de sciences et d'arts qu'il serait injuste et onéreux de soumettre à la censure. Il en est un bien plus grand nombre d'indifférens, de légers, de frivoles, de puérils même, et alimens du commerce et besoin de la société, auxquels le gouvernement ne pourrait sans ridicule attacher son approbation. C'est ce qui força l'ancienne monarchie à imaginer des tolérances et des permissions tacites auxquelles nous devons tous les mauvais livres du dernier siècle. La censure fut sans effet, précisément parce que son institution était générale et rigoureuse. Il me semble qu'on arrivera par des moyens plus doux à de meilleurs résultats.

» 1°. Qu'avant de mettre un ouvrage sous presse, l'imprimeur soit tenu de le déclarer au magistrat;

» 2°. Que, sur cette déclaration, le gouvernement ait le droit de prendre connaissance de l'ouvrage;

» 3°. Que, de leur côté, l'auteur et l'imprimeur aient la faculté de demander l'examen du manuscrit;

» 4°. Que cet examen ne soit fait que daus le rapport des mœurs, de l'ordre public et des intérêts politiques de l'Etat;

» 5°. Qu'il soit confié à un très-petit nombre de censeurs nommés par le chef du gouvernement, ne formant point un corps, et adressant leurs rapports individuels au ministre de la police générale;

» 6°. Que la prohibition d'aucun livre ne soit faite sans que la commission sénatoriale de la liberté de la presse n'en soit aussitôt informée, et n'en connaisse les motifs si elle les demande.

» Je suis convaincu que ce petit nombre de dispositions doit suffire à la sûreté d'un gouvernement et à celle des particuliers. Il ne s'agit pas de créer à grands frais une administration nouvelle et de nombreux agens : nous en avons assez. Et quoique j'aie demandé un directeur général pour leur donner le mouvement, je ne le crois pas indispensable. Il me semble même que la création d'inspecteurs serait prématurée, et qu'il faut attendre que l'expérience en ait prouvé la nécessité. Je m'étonne surtout qu'on aille cher-

chercher si loin et si péniblement une garantie pour la liberté de la presse, tandis que la constitution elle-même l'a placée dans la commission du sénat. Mais il fallait bien oublier des choses si simples et si raisonnables pour en venir à un tribunal de censure.

» De quelque côté qu'on envisage cette étrange conception, on est frappé de ses inconvéniens.

» 1°. Un tribunal, composé de vingt-quatre membres, prononcera collectivement sur l'admission ou la prohibition de tous les livres nationaux et étrangers. Conçoit-on les embarras et les lenteurs qui résulteroient pour le commerce? Un censeur décidera en une heure ce qu'un tribunal emploîra plusieurs semaines à discuter; et quand on considère le vague que présentent ces expressions de *mœurs*, *d'ordre public* et *d'intérêts politiques*, et tous les sens que peuvent leur donner les différens esprits d'une assemblée nombreuse, on peut douter que les décisions du tribunal ne soient tout aussi arbitraires et probablement moins sages que celles d'un censeur offrant à un ministre un avis motivé.

» 2°. Les intérêts politiques sont une matière mobile et mystérieuse pour laquelle le gouvernement ne saurait être mis dans la dépendance d'un tribunal. Il est des cas et des temps divers où le même livre peut être permis ou défendu par des motifs secrets dont il serait absurde de faire la confidence à vingt personnes. Les esprits clairvoyans développeront aisément toute l'étendue de cette réflexion. Ajoutons qu'il est des écrits dont la seule discussion dans un conseil serait un scandale, et une diffamation qui remplirait l'intention des libellistes.

» 3°. Un tribunal n'agit que par des formes tranchantes et absolues. Il faut qu'il admette ou qu'il rejette. Une telle censure serait fatale aux lettres. Souvent un auteur ne demande qu'à être éclairé : une légère modification efface tout le danger d'une proposition. J'ai éprouvé les avantages de cette espèce de censure libre et consultative Il m'a manqué, pour prévenir la circulation de quelques mauvais livres, dont le chef du gouvernement s'est plaint avec raison, la faculté légale d'en arrêter l'impression, et l'obligation imposée aux auteurs et imprimeurs d'en faire une déclaration préalable. Par l'effet de ces mesures que je propose, la censure consultative acquerra plus de développement, et aura tous les avantages de la censure obligée.

» 4°. L'appel au conseil d'Etat, l'idée de faire... de ce dernier le censeur universel des livres, est si évidemment impraticable, que j'ai peine à croire qu'on l'ait proposé sérieusement. Tous les inconvéniens que je viens de signaler, s'y reproduiront avec plus de force. Qu'on ne pense pas que les occasions en soient rares. Le tribunal ne prononcera pas une prohibition qui ne soit aussitôt déférée au conseil d'Etat, et ce sera un nouveau moyen de célébrité dont les auteurs seront fort avides. Il faut singulièrement compter sur l'oisiveté du conseil d'Etat, pour lui imposer un pareil devoir. On ne sait donc pas qu'il y a telle brochure sur laquelle on ne serait pas d'accord après un mois de discussion. Cette jurisprudence a d'ailleurs le danger de donner pour toujours, un caractère légal ou illégal à toutes les propositions d'un livre qui aura été approuvé ou rejeté, quoique l'influence de ces propositions soit variable suivant le temps où elles sont produites, suivant la place qu'elles occupent dans un livre. Enfin, pourquoi charger le conseil d'Etat d'un emploi qu'il ne peut remplir, et que la constitution a spécialement délégué à une commission du sénat? J'en dirai autant du désir que l'on a de soustraire la librairie à la vigilance du ministère de la police. On va même jusqu'à vouloir introduire dans l'empire, à son insu, tous les livres sortis des presses étrangères. Cette affectation est dérisoire dans un pays où il ne s'élève presque aucun trouble qui ne soit précédé ou accompagné de quelque écrit, comme on l'a vu dans le complot de Valence. Quelle idée aurait-on d'un général qui, pour mieux assurer son camp, commencerait par mettre un bandeau sur les yeux des vedettes?

» En général, je pense que, dans l'organisation de l'imprimerie, moins on fera, mieux on fera. Il entre beaucoup d'exagération dans les clameurs que, pendant quelque temps, on a affecté de multiplier. Il n'est pas vrai que, depuis 1789, l'art typographique ait rétrogradé; jamais, au contraire, ses progrès ne furent plus rapides et plus éclatans. Les belles entreprises en ce genre, qui s'exécutent sous nos yeux, surpassent ce que les presses étrangères et les temps antérieurs ont produit de plus parfait. D'un autre côté, le double procédé de la stéréotypie est une amélioration toujours croissante: à la vérité, le mouvement désordonné que le papier monnoie imprima à tous les ressorts de l'industrie, a fait pulluler dans un temps une foule d'éditions informes. Mais l'effet a cessé avec la cause, et tout est rentré dans l'ordre naturel. La librairie, comme toute autre manufacture, n'a de succès à attendre que de la bonté de ses produits.

» On s'est plaint de quelques contrefaçons; mais le nombre en est imperceptible, en comparaison de celles qui se faisaient ouvertement et impunément sous l'ancien régime. On a évalué à trente six millions de francs la masse d'ouvrages contrefaits qui circulaient dans le commerce en 1777 : on n'en trouverait pas maintenant la centième partie. Encore faut-il attribuer le peu qui en existe, non à l'indifférence des lois, mais à la manière de poursuivre ce délit, qui est mal adaptée à sa nature et au caractère des parties intéressées.

» L'imprimerie et la librairie ne sont point abandonnées à des mains ignorantes et barbares : il est de fait qu'aucun imprimeur ou libraire connu pour avoir honoré sa profession, ne l'a quittée. On sait, d'ailleurs, que des gens de lettres, des jurisconsultes, des ecclésiastiques, y ont trouvé un port après les nau rages de la révolution Aussi, jamais cette carrière ne fut peuplée d'un plus grand nombre d'hommes instruits et respectables : je ne nie pas que, dans les temps d'anarchie, des intrus ne s'y soient introduits ; mais ces taches s'effacent de jour en jour. On sent bien qu'il est impossible que, dans aucun commerce, on se maintienne long-temps sans capitaux et sans intelligence.

» On peut conclure de ces faits avérés, que les doléances sur la situation de la librairie ont souvent manqué de justesse ; et l'on doit craindre de prendre pour des vues utiles les déguisemens de l'intérêt personnel. Cette foule de réglemens dont on nous menace auront un effet certain, ce sera d'aggraver les charges de la librairie, et de la soumettre en définitif à un nouvel impôt. Rien au monde ne serait plus impolitique, au moment où notre langue devient universelle, et où des presses françaises peuvent s'établir dans toutes les villes voisines de nos frontières. Tout ce qui tendrait à augmenter le prix de nos livres serait une prime en faveur des presses étrangères, et détruirait dans cette partie tout notre commerce d'exportation.

PROJET DE DÉCRET.

TITRE Ier.

De la direction de l'imprimerie et de la librairie.

Art. 1er. Il sera attaché au ministère de la police générale, un directeur général de la librairie.

2. Il sera chargé de la correspondance avec les préfets et autres fonctionnaires, pour tout ce qui concerne la librairie.

3. Il aura sous sa dépendance les inspecteurs qui pourront être établis.

4. Il travaillera avec le ministre de la police générale, et et fera exécuter ses décisions.

5. Les préfets de département, et à Paris, le préfet de police, auront la direction particulière de la librairie dans leur arrondissement.

Ils correspondront avec le directeur-général.

6. Les inspecteurs qui pourraient être établis dans leur arrondissement, leur seront subordonnés.

TITRE II.

SECTION Ire.

Des conditions à remplir pour exercer la profession d'imprimeur ou libraire.

7. A compter du 1er janvier prochain, nul ne pourra exercer la profession d'imprimeur ou libraire, sans avoir, 1°. fait la déclaration de son intention au préfet de son département; et, à Paris, au préfet de police; 2°. subi un examen de capacité; 3°. obtenu une autorisation spéciale du préfet de son département, et, à Paris, du préfet de police, visée et enregistrée aux ministères de l'intérieur et de la police générale et au secrétariat de la direction générale de la librairie.

8. Les deux professions seront distinctes, et auront des réglemens séparés.

Néanmoins, la profession de libraire pourra être cumulée avec celle d'imprimeur, sous la seule condition d'en faire la déclaration et d'observer les doubles règles qui seront établies.

9. Tout individu qui exercerait la profession d'imprimeur ou libraire sans avoir rempli les conditions exigées par l'article 1er, sera traduit au tribunal correctionnel, puni d'une amende de 2000 francs au plus, de confiscation des presses, caractères, ustensiles, impressions et livres, et même, si le cas y échet, d'une détention qui ne pourra excéder deux ans.

10. Sont dispensés d'examen et maintenus dans l'exercice de leur profession, tous les imprimeurs et libraires qui s'y livrent dans ce moment et sont pourvus de patentes.

Ils seront tenus, toutefois, de faire la déclaration et d'obtenir l'autorisation mentionnée en l'art. 1er, sous les peines portées ci-dessus.

SECTION II.

Des examens.

11. Les examens seront faits, en présence du préfet et sous sa présidence, par un homme de lettres, un imprimeur et un libraire appelés par le préfet.

12. Les examens couleront sur les connaissances pratiques de l'art de l'imprimerie et de la librairie.

13. Le préfet de département, et, à Paris, le préfet de police, après s'être assuré de la capacité de l'aspirant, de sa moralité et de ses moyens d'établissement, délivrera, s'il y a lieu, l'autorisation mentionnée en l'article 1er.

14. Aucune imprimerie nouvelle ne sera autorisée qu'autant que l'autorisation supérieure en aura reconnu la nécessité et la convenance, d'après l'avis du préfet.

TITRE III.

De la police de la librairie.

Art. 15. Les inspecteurs de la librairie et les officiers de police ont le droit d'entrer et de visiter en tout temps les ateliers, boutiques et magasins des imprimeurs et libraires, pour rechercher et constater les délits et contraventions en matière de librairie.

16. Chaque imprimeur ou libraire, indépendamment des livres à la tenue desquels il est obligé par le Code de commerce, sera tenu d'avoir un livre coté et paraphé par le préfet du département, et, à Paris, par le préfet de police,

où il inscrira le titre de chaque manuscrit qu'il imprimera ou donnera à imprimerr

17. Les inspecteurs de la librairie, et tous officiers de police, auront le droit de se faire représenter ce livre, et de le viser quand bon leur semblera.

TITRE IV.

SECTION Ire.

Du droit d'imprimer et débiter des livres.

18. Chacun peut imprimer ou faire imprimer ce qu'il veut.

Cependant le gouvernement a le droit d'empêcher l'impression et la vente de tout ouvrage qui lui paraît contraire à ses intérêts politiques et aux mœurs.

19. Toutes les fois que le ministre de la police générale défendra l'impression ou la vente d'un ouvrage, il en informera le président de la commission sénatoriale de la liberté de la presse.

20. Il donnera les motifs de la prohibition lorsqu'ils lui seront demandés d'après les formes établies par les articles 65 et 66 du sénatus-consulte du 28 floréal an 12.

21. L'auteur ou l'imprimeur qui voudra soumettre son manuscrit à un examen préalable, le présentera au préfet dans les épartemens; et à Paris, au directeur général. Le ministre de la police générale le fera examiner et rendre à l'auteur ou imprimeur : la remise du manuscrit sans notification de prohibition, en autorisera suffisamment la publication; et si des motifs nouvellement survenus en exigeaient la prohibition, elle ne pourra avoir lieu sans indemnité.

22. Dans tout état de cause, nul ne pourra imprimer ou faire imprimer aucun ouvrage ou manuscrit, sans déclarer au préfet de son département ; et à Paris, au préfet de police, et sans insérer en tête le titre de l'ouvrage et le nom de l'auteur ou celui de l'imprimeur.

23. Le préfet en donnera sur le champ connaissance au directeur général, qui prendra les ordres du ministre de la police.

24. Dans le cas où le nom de l'auteur ne serait pas en tête de l'ouvrage, l'imprimeur seul sera responsable, s'il ne peut faire connaître le nom de l'auteur.

SECTION II.

De l'examen des manuscrits et des ouvrages.

Art. 25. Le ministre de la police générale aura auprès de lui des censeurs par nous nommés, pour l'examen des manuscrits et des ouvrages.

26. Les censeurs ne formeront point une corporation. Le ministre de la police générale en chargera particulièrement un ou plusieurs, de l'examen de chaque ouvrage ou manuscrit, en raison de leur nature et de leur importance.

27. En cas de réunion de plusieurs censeurs, le plus ancien les présidera.

Les rapports seront signés et remis au ministre.

28. Les manuscrits présentés à l'examen par les auteurs seront enregistrés au secrétariat général du ministère, et il en sera donné récépissé.

29. Les ouvrages publiés et signés par les membres de l'Institut ne seront pas soumis aux formalités de l'examen dont il est parlé ci-dessus.

SECTION III.

Des livres imprimés à l'étranger.

Art. 30. Aucun livre en langue française ou latine, imprimé à l'étranger, ne pourra entrer en France sans payer un droit, pour lequel il sera fait un tarif spécial, lequel ne pourra être au dessous de cinquante pour cent de la valeur de l'ouvrage.

31. Aucun livre en langue française ou étrangère imprimé ou réimprimé hors de la France, ne pourra être introduit en France sans une permissions du ministre de la police générale, annoncant le bureau des douanes par lequel il entrera.

32. En conséquence, tout balot de livres venant de l'étranger, sera mis, par les préposés des douanes, sous corde et sous plomb, et envoyé soit au commissariat général de police le plus voisin.

33. Si les livres sont reconnus conformes à la permission, chaque exemplaire, ou le premier volume de chaque exemplaire, sera marqué d'une estampille au lieu du dépôt provisoire, et ils seront remis au propriétaire.

TITRE V.

De la propriété et de sa garantie

Art. 34. Le droit de propriété est garanti à l'auteur et à sa veuve pendant leur vie, et à leurs enfans, pendant vingt ans.

35. L'auteur peut céder son droit à un imprimeur ou à toute personne qui est alors substituée en son lieu et

place, pour lui et ses ayans-cause, comme il est dit à l'article précédent.

TITRE VI.

SECTION Ire.

Des délits en matière de librairie, et du mode de les punir.

Art. 36. La contrefaçon d'un ouvrage étant une atteinte portée au droit de propriété, est un délit.

37. Le délit de contrefaçon, dûment constaté, est punissable d'amende, confiscation, et dommages-intérêts, et même de détention, selon qu'il y a lieu.

38. Les tribunaux correctionnels doivent connaître de ces délits, et sont seuls compétens pour prononcer, sauf le recours aux Cours supérieures.

39. Les autres contraventions sont du ressort de l'administration.

Cependant, la réparation des injures faites au préjudice porté aux particuliers, par suite du droit d'imprimer, sera toujours poursuivie devant les tribunaux, sans que l'autorité administrative puisse intervenir.

40. Il y aura lieu à confiscation et amende au profit de l'État, dans les cas suivans :

1°. Si l'ouvrage est sans nom d'auteur ou d'imprimeur ;

2°. Si l'auteur ou l'imprimeur n'a pas fait, avant l'impression de l'ouvrage, la déclaration prescrite par l'article 22 ;

3°. Si l'ouvrage ayant été présenté à l'examen, l'auteur ou l'imprimeur se permet de le publier, quoiqu'il ne lui ait pas été rendu ;

4°. Si l'ouvrage est publié malgré la défense du ministre de la police générale ;

5°. Si étant imprimé à l'étranger, il est présenté à l'entrée sans permission, ou circule sans être estampillé ;

6°. Si c'est une contrefaçon, c'est-à-dire, si c'est un ouvrage imprimé sans le consentement et au préjudice de l'auteur ou éditeur ou de leurs ayans-cause.

41. Dans ce dernier cas, il y aura lieu, en outre, à des dommages-intérêts envers l'auteur ou éditeur ou leurs ayans-cause; et l'édition ou les exemplaires contrefaits seront confisqués à leur profit.

42. Les peines seront prononcées et les dommages-intérêts seront arbitrés par le tribunal correctionnel.

43. L'amende sera de trois cents francs, au moins, et de trois mille francs, au plus.

SECTION II.

Du mode de constater les délits et contraventions.

Art. 44. Les délits et contraventions seront constatés par les inspecteurs de la librairie, les officiers de police, les préposés aux douanes pour les livres venant de l'étranger.

Chacun dresse procès-verbal de la nature du délit et contravention, des circonstances et dépendances; et le remet au préfet de son arrondissement, pour être adressé au directeur-général.

45. Les objets saisis sont déposés provisoirement au secrétariat de la mairie ou commissariat général de la sous-préfecture ou de la préfecture la plus voisine du lieu où le délit ou la contravention sont constatés, sauf l'envoi ultérieur à qui de droit.

46. Les procureurs-généraux ou impériaux seront tenus de poursuivre d'office, dans tous les cas prévus à la section précédente, sur la simple remise des procès-verbaux dûment affirmés.

TITRE VII.

Dispositions diverses.

Art. 47. Chaque imprimeur sera tenu de déposer à la préfecture de son département, et à Paris, à la préfecture de police, cinq exemplaires de chaque ouvrage, savoir :

Un pour la bibliothèque impériale ; un pour le ministre de l'intérieur, un pour le ministre de la police, un pour le directeur général de la librairie, un pour le conseil de librairie.

48. Le produit des confiscations et amendes au profit de l'État, perçu par les agens du domaine, sera versé à la caisse de la police générale et affecté au traitement du directeur général, au paiement des inspecteurs de l'imprimerie et de la librairie qui pourront être établis, et aux gratifications que sa Majesté jugera utiles de faire accorder aux officiers de police et préposés des douanes qui auront montré le plus de zèle dans la recherche des contraventions.

49. Il sera statué par des réglemens particuliers sur ce qui concerne.

1°. Les imprimeurs et libraires, leur réception et leur police ;

2°. Les libraires étaleurs ;

3°. Les fondeurs de caractères ;

4°. Les graveurs ;

6°. Les relieurs et toutes les autres parties de l'art ou du commerce de l'imprimerie et librairie.

50. Ces réglemens seront proposés et arrêtés en conseil d'État, sur le rapport des ministres de l'intérieur et de la police générale.

51. Nos ministres sont chargés chacun en ce qui le concerne, de l'exécution du présent décret, qui sera inséré au Bulletin des lois.

Le Projet ci-dessus est discuté.

M. le comte Regnaud, relevant les principales différences qui se rencontrent entre le système du ministre et celui que le conseil avait adopté, dit que le ministre paraît laisser le commerce plus libre, mais, en effet, se l'assujettit. Le ministre écarte le tribunal de la censure, mais ce n'est que pour y substituer une mesure clandestine contre laquelle un auteur ne pourra point se défendre. Le ministre donne pour garantie la commission sénatoriale de la liberté de la presse; mais cette garantie est à peu près illusoire. Les formes de la commission sénatoriale sont trop compliquées; et certes, il n'arrivera jamais que le corps-législatif désavoue le ministre pour avoir supprimé un ouvrage souvent peu important.

M. le comte Defermon dit qu'il ne comprend pas bien comment il serait possible au conseil de procéder à l'examen d'un ouvrage.

M. le comte REGNAUD observe que ce recours sera très-rarement exercé.

M. le comte MOLÉ dit qu'il le sera au contraire très-souvent.

L'ARCHICHANCELIER trouve de l'avantage dans la disposition qui confie la censure non à un corps, mais à un individu. Ce système assure mieux la responsabilité, et par conséquent, donne plus de garantie à l'auteur.

N*** pense que le projet du ministre est plus conforme aux constitutions.

M. le comte BERLIER le préfère, parce qu'il lui paraît plus simple. Quand on instituerait un tribunal de censure, le ministre de la police s'en emparerait, et se jouerait de ses jugemens, en arrêtant la circulation de l'ouvrage.

N*** dit que si le projet du ministre obtient la priorité, il sera nécessaire de fixer le nombre des censeurs, et d'en établir dans les départemens.

Il faudra aussi déterminer la forme dans laquelle la décision des censeurs sera expédiée, et que l'auteur ait à la main un titre qui indique clairement ce qu'il lui est permis de faire imprimer, et ce qu'il lui est ordonné de retrancher.

M. le comte d'Hauterive dit qu'on pourrait obliger l'auteur à remettre deux exemplaires de son manuscrit. On ferait sur les deux les changemens qu'on jugerait nécessaires ; l'un serait rendu à l'auteur et deviendrait son titre ; l'autre demeurerait à la direction de l'imprimerie, pour servir de pièce de comparaison.

N*** dit que l'essentiel est de donner sûreté entière à l'imprimeur, et qu'on ne le fera point, si on ne lui ouvre pas un recours.

Ensuite, sur quoi paiera-t-on les dommages-intérêts de l'imprimeur, lorsque la police supprimera l'ouvrage, nonobstant l'approbation des censeurs ?

M. le comte Berlier dit que ce sera sur les fonds de la librairie.

N*** dit que, tout considéré, le projet du ministre ne donne pas une garantie suffisante aux auteurs et aux imprimeurs. Comment le conseil d'État pourrait-il juger, si la censure n'est point assujettie à des règles et à des formes ?

SÉANCE

Du 12 *décembre* 1809, *tenue au palais des Tuileries.*

M. le comte Regnaud, d'après le renvoi fait à la section de l'intérieur, dans la séance du 28 novembre, présente une nouvelle rédaction du projet sur l'imprimerie et la librairie.

Ce Projet est ainsi conçu :

TITRE Ier.

De la direction de l'imprimerie et de la librairie.

Art. 1er. Il y aura une direction générale de l'imprimerie et de la librairie.

Elle sera confiée à un conseiller d'état.

2. Il sera chargé de la correspondance pour tout ce qui concerne la librairie.

3. Les inspecteurs qui pourront être établis seront sous ses ordres.

4. La direction générale de l'imprimerie et librairie sera dans le département du ministre de la police générale, avec lequel le directeur général travaillera.

5. Les préfets, dans leurs départemens, et dans le département de la Seine, le préfet de la police, auront la direction particulière de la librairie.

Ils correspondront avec le directeur-général.

6. Les inspecteurs qui pourraient être établis dans leur département, leurs seront subordonnés.

TITRE II.

SECTION Ire.

Des conditions à remplir pour exercer la profession d'imprimeur ou libraire.

7. A compter du 1er. janvier prochain, nul ne pourra exercer la profession d'imprimeur ou libraire sans avoir fait, 1°. la déclaration de son intention au préfet de son département, et à Paris au préfet de police; 2°. subi un examen de capacité; 3°. obtenu, sur l'avis du préfet du département, et à Paris, du préfet de police, une autorisation du directeur-général, laquelle sera visée et enregistrée aux ministères de l'intérieur et de la police générale.

Ladite autorisation ne pourra être refusée que pour cause d'incapacité.

Les deux professions seront distinctes et auront des réglemens séparés.

Néanmoins, la profession de libraire pourra être cumulée avec celle d'imprimeur, sous la seule condition d'en faire la déclaration et d'observer les doubles règles qui seront établies.

9. Tout individu qui exercerait la profession d'imprimeur ou libraire sans avoir rempli les conditions exigées par l'article 1er. sera traduit au tribunal correctionnel, puni d'une amende de 2,000 francs au plus, de confiscation des presses, caractères, ustensiles, impressions et livres, et même, si le cas y échet, d'une détention qui ne pourra excéder deux ans.

10

10. Sont dispensés d'examen et maintenus dans l'exercice de leur profession tous les imprimeurs et libraires qui s'y livrent dans ce moment et sont pourvus de patentes.

Ils seront tenus, toutefois, de faire la déclaration mentionnée en l'article 7 du présent titre, sous les peines portées ci-dessus.

SECTION II.

Des examens.

11. Les examens seront faits en présence du préfet et sous sa présidence, par un membre de l'Université, un imprimeur et un libraire appelés par le préfet.

12. Les examens rouleront sur les connaissances pratiques de l'art de l'imprimerie ou de la librairie, la connaissance des langues latine et française, pour les imprimeurs, et de la langue française, pour les libraires.

TITRE III.

De la police de la librairie.

13. Les inspecteurs de la librairie et les officiers de police ont le droit d'entrer et de visiter en tout tems les ateliers, boutiques et magasins des imprimeurs et libraires pour rechercher et constater les délits et contraventions en matière de librairie.

14. Chaque imprimeur ou libraire, indépendamment des livres à la tenue desquels il est obligé par le code de commerce, sera tenu d'avoir un livre coté et paraphé par le préfet du département, et à Paris, par le préfet de police, où il inscrira le titre de chaque manuscrit ou nouvel ouvrage qu'il imprimera ou donnera à imprimer.

15. Les inspecteurs de la librairie et tous officiers de police auront le droit de se faire représenter ce livre et de le viser quand bon leur semblera.

TITRE IV.

SECTION Ire.

Du Droit d'imprimer et débiter des livres.

16. Chacun peut imprimer ou faire imprimer ce qu'il veut, pourvu que rien ne soit nuisible à l'ordre public, à l'intérêt politique de l'État et aux mœurs.

17. Le ministre de la police, sur l'avis du directeur général de l'imprimerie et librairie, aura le droit de défendre l'impression ou publication d'un ouvrage qu'il jugera nuisible dans les cas prévus à l'article précédent.

18. Toutes les fois que le ministre de la police générale défendra l'impression ou la vente d'un ouvrage, il en informera le président de la commission sénatoriale de la liberté de la presse.

19. Il donnera les motifs de la prohibition lorsqu'ils lui seront demandés d'après les formes établies par les articles 65 et 66 du sénatus-consulte du 28 floréal an 12.

20. L'individu qui voudra soumettre un manuscrit à un examen préalable, le présentera au préfet, dans les départemens, et à Paris au directeur-général. Le directeur-général fera examiner et rendre le manuscrit à celui qui l'aura présenté : la remise du manuscrit, sans notification de prohibition, en autorisera suffisamment la publication.

21. Il sera dressé, toutefois, procès-verbal de l'état du manuscrit remis ; il y sera fait mention des pages où sont des

ratures et renvois, et chaque feuille sera paraphée par le censeur, ou marquée d'une estampille dont la forme sera déterminée.

Si un ouvrage, imprimé conformément au manuscrit, ainsi rendu authentique, est prohibé pour des motifs nouvellement survenus, le propriétaire sera indemnisé des frais d'impression de toute nature, sur les fonds dont il est parlé à l'article 43.

22. Dans tout état de cause, et soit que l'ouvrage ait ou n'ait pas été soumis à la censure, nul ne pourra imprimer ou faire imprimer aucun ouvrage ou manuscrit, sans déclarer au préfet de son département, et à Paris, au préfet de police, et sans insérer en tête le titre de l'ouvrage et le nom de l'auteur ou celui de l'imprimeur.

23. Le préfet en donnera, sur-le-champ, connaissance au directeur-général.

24. Dans le cas où le nom de l'auteur ne serait pas en tête de l'ouvrage, l'imprimeur sera seul responsable, s'il ne peut faire connaître le nom de l'auteur.

SECTION II.

De l'examen des manuscrits et des ouvrages.

25. Il sera attaché à la direction générale de l'imprimerie ou librairie, des censeurs par nous nommés, pour l'examen des manuscrits et des ouvrages. Il y en aura à Paris et dans tous les lieux de notre Empire où il sera jugé nécessaire.

26. Les censeurs ne formeront point une corporation. Le ministre de la police générale, sur l'avis du directeur-général, en chargera particulièrement un ou plusieurs de l'examen de chaque ouvrage ou manuscrit, en raison de leur nature et de leur importance.

27. En cas de réunion de plusieurs censeurs, le plus ancien les présidera.

Les rapports seront signés et remis au directeur-général.

28. Les manuscrits présentés à l'examen par les auteurs, seront enregistrés au secrétariat de la direction générale ou des préfectures, et il en sera donné récépissé.

SECTION III.

Des livres imprimés à l'étranger.

29. Aucun livre en langue française ou latine, imprimé à l'étranger, ne pourra entrer en France sans payer un droit, pour lequel il sera fait un tarif spécial, lequel ne pourra être au-dessous de cinquante pour cent de la valeur de l'ouvrage.

30. Aucun livre en langue française ou étrangère, imprimé ou réimprimé hors de la France, ne pourra être introduit en France sans une permission du ministre de la police générale, en annonçant le bureau de douanes par lequel il entrera.

31. En conséquence, tout balot de livres venant de l'étranger sera mis, par les préposés des douanes, sous corde et sous plomb et envoyé à la préfecture la plus voisine.

32. Si les livres sont reconnus conformes à la permission, chaque exemplaire sera marqué d'une estampille au lieu du dépôt provisoire et ils seront remis au propriétaire.

TITRE V.

De la propriété et de sa garantie.

33. Le droit de propriété est garanti à l'auteur et à sa veuve pendant leur vie, et à leurs enfans pendant vingt ans.

34. Les auteurs soit nationaux, soit étrangers, peuvent céder leur droit à un imprimeur ou libraire, ou à toute personne qui est alors substituée en leur lieu et place, pour eux et leurs ayans-cause, comme il est dit à l'article précédent.

TITRE VI.

SECTION Ire.

Des délits en matière de librairie et du mode de les punir.

35. Il y aura lieu à confiscation et amende au profit de l'État, dans les cas suivans :

1o. Si l'ouvrage est sans nom d'auteur ou d'imprimeur;

2o. Si l'auteur ou l'imprimeur n'a pas fait, avant l'impression de l'ouvrage, la déclaration prescrite par l'art. 22;

3o. Si l'ouvrage ayant été présenté à l'examen, l'auteur ou l'imprimeur se permet de le publier ; quoiqu'il ne lui ait pas été rendu;

4o. Si l'ouvrage est publié malgré la défense du ministre de la police générale;

5o. Si, étant imprimé à l'étranger, il est présenté à l'entrée sans permission ou circule sans être estampillé;

6o. Si c'est une contrefaçon, c'est-à-dire, si c'est un ouvrage imprimé sans le consentement et au préjudice de l'auteur ou éditeur, ou de leurs ayans-cause.

36. Dans ce dernier cas, il y aura lieu, en outre, à des dommages-intérêts envers l'auteur ou éditeur ou leurs ayans-cause; et l'édition ou les exemplaires contrefaits seront confisqués à leur profit.

37. Les peines seront prononcées et les dommages-intérêts seront arbitrés par le tribunal correctionnel.

38. L'amende sera de trois cents francs au moins, et de trois mille francs au plus; le tout sans préjudice de ce qui sera réglé par le code pénal.

SECTION II.

Du mode de constater les délits et contraventions.

59. Les délits et contraventions seront constatés par les inspecteurs de la librairie, les officiers de police, les préposés aux douanes, pour les livres venant de l'étranger.

Chacun dresse procès-verbal de la nature du délit et contravention, des circonstances et dépendances et le remet au préfet de son arrondissement pour être adressé au directeur général.

40. Les objets saisis sont déposés provisoirement au secrétariat de la mairie ou commissariat-général de la sous-préfecture ou de la préfecture la plus voisine du lieu où le délit ou la contravention sont constatés, sauf l'envoi ultérieur à qui de droit.

41. Les procureurs-généraux ou impériaux seront tenus de poursuivre d'office, dans tous les cas prévus à la section précédente, sur la simple remise des procès-verbaux dûment affirmés.

TITRE VII.

Dispositions diverses.

42. Chaque imprimeur sera tenu de déposer à la Préfecture de son arrondissement; et à Paris, à la préfecture de police, cinq exemplaires de chaque ouvrage, savoir :

Un pour la bibliothèque impériale,
Un pour le ministre de l'intérieur,
Un pour le ministre de la police,
Un pour le directeur-général de la librairie,
Un pour le conseil de librairie,

43. Le produit des confiscations et amendes au profit de l'État, perçu par les agens du domaine, sera versé à la caisse de la police générale et affecté aux indemnités dont il est parlé, au traitement du directeur-général, au paiement des inspecteurs de l'imprimerie et de la librairie qui pourront être établis, et aux gratifications qu'il sera jugé utile de faire accorder aux officiers de police et préposés des douanes qui auront montré le plus de zèle dans la recherche des contraventions.

44. Il sera statué par des règlemens particuliers sur ce qui concerne,

1°. Les imprimeurs et libraires, leur réception et leur police;

2°. Les libraires étaleurs;

3°. Les fondeurs de caractères;

4°. Les graveurs;

5°. Les relieurs et toutes les autres parties de l'art ou du commerce de l'imprimerie et librairie.

45. Ces règlemens seront proposés et arrêtés en conseil d'État, sur le rapport des ministres de l'intérieur et de la police générale.

46. Nos ministres sont chargés, chacun en ce qui le concerne, de l'exécution du présent décret, qui sera inséré au Bulletin des lois.

Le projet ci-dessus est soumis à la discussion.

Les articles 1, 2, 3, 4, 5, 6, 7 et 8 sont adoptés sans observations.

L'article 9 est discuté.

M. le comte Jaubert dit que la peine de deux années de détention est tellement sévère, que les tribunaux ne l'appliqueront jamais, si l'on se borne à leur donner la faculté de la prononcer.

M. le comte Merlin dit que, dans les principes de notre législation criminelle, la faculté ne peut porter que sur la quotité de l'amende.

M. le comte Regnaud dit que deux années de détention ne sont pas une peine trop sévère pour une contravention aussi grave et aussi certaine.

L'observation de M. le comte Jaubert n'a pas de suite.

N*** demande si, d'après le projet, le ministre de la police pourrait interdire un imprimeur ?

Il faut lui donner ce pouvoir; car il n'y a encore que peu d'années que tel imprimeur de Paris faisait métier de publier et de colporter des brochures incendiaires. Pourquoi ne pas étouffer, dans leur principe même, les efforts de ces perturbateurs ?

M. le comte Boulay dit qu'on pourrait réserver cette peine pour le cas de la récidive.

N*** dit qu'il n'est pas besoin d'attendre la récidive; la société ne doit que la mort à quiconque s'arme pour la déchirer : l'imprimerie est un arsenal qu'il importe de ne pas mettre à la disposition de tout le monde.

M. le comte Regnaud pense que du moins on devrait faire prononcer par les tribunaux.

N*** dit que le droit d'imprimer n'est pas du nombre des droits naturels. Celui qui se mêle d'instruire fait une fonction publique, et dès-lors, l'Etat peut l'en empêcher. Cependant, on peut, si l'on veut, renvoyer à la commission du Sénat.

De même, pourquoi déclarer, par l'article 7, que l'autorisation d'exercer la profession d'imprimeur et de libraire ne pourra être refusée que pour cause d'incapacité ?

M. le comte Regnaud dit que c'est parce qu'on a voulu que ces professions fussent libres comme toutes les autres; c'est-à-dire que, comme les autres, elles pussent être exercées par quiconque voudrait s'y livrer. L'opinant n'est point du tout de cet avis.

N*** dit qu'il importe peu à l'Etat qu'un homme, qui se fait imprimeur, soit capable ou incapable; mais qu'il lui importe beaucoup que ceux-là seuls puissent imprimer qui ont la confiance du gouvernement. Au reste, tous l'ont, à moins qu'ils ne s'en soient rendus indignes.

M. le comte Molé rappelle que le projet du ministre exigeait la moralité.

M. le comte de Ségur pense que l'autorité doit pouvoir refuser très-librement la permission d'embrasser la profession d'imprimeur; mais que celui qui l'a une fois obtenue, doit ne pouvoir plus être privé de son état que par un jugement.

L'archichancelier dit que, dans tous les cas, il est utile de limiter le nombre des imprimeurs.

N*** demande quelles dispositions on a adoptées à l'égard des boulangers de Paris.

M. le comte Dubois dit que le décret donne au préfet de police le droit d'en fixer le nombre, et que lui l'a réduit à 500.

M. le comte Defermon dit que l'utilité des résultats est très-contestée.

M. le comte Dubois dit qu'on a, au contraire, reconnu généralement l'utilité de la limitation.

N*** demande si les anciens réglemens sur l'imprimerie bornaient le nombre des imprimeurs.

M. le comte Regnaud dit qu'ils ne le bornaient point, mais qu'on ne pouvait tenir une imprimerie qu'avec la permission du Chancelier, qui, avant de l'accorder, prenait les ordres du Roi.

N*** dit que ce systême était bon. Celui qui parle au public par l'impression est comme celui qui lui parle dans une assemblée; et certes, personne ne contestera au souverain le droit d'empêcher que le premier venu ne harangue le peuple.

Cependant, l'intention de N*** n'est pas de dépouiller ceux qui sont en possession. Les réductions, s'il en est besoin, ne s'opéreront qu'à mesure des vacances.

M. le comte Regnaud demande si l'on n'aura égard qu'aux vacances par mort.

N*** dit que ce n'est point là ce qu'il entend. On déclarera que nul ne peut exercer la profession d'imprimeur s'il n'est breveté et assermenté, et l'on fixera le nombre pour chaque département. Ceux à qui le brevet sera refusé, cesseront d'être imprimeurs. L'imprimerie n'est point un commerce; il ne doit donc pas suffire d'une simple patente pour s'y livrer: il s'agit ici d'un état qui intéresse la politique, et, dès lors, la politique doit en être le juge.

M. le baron Louis, maître des requêtes, dit qu'on pourrait décider que personne n'exercera la profession d'imprimeur sans se faire connaître, et qu'aussitôt qu'il sera connu pour imprimeur, il passera sous la surveillance habituelle de l'autorité. Par ce moyen, le gouvernement se trouverait armé de tout le pouvoir nécessaire pour prévenir et arrêter les abus et les dangers.

Ensuite, et pour ne pas effrayer, il serait utile de régler la manière dont une imprimerie pourra être fermée. C'est là ce qui manque dans le projet, et ce que néanmoins il importe d'y mettre; car, s'il suppose l'arbitraire, il semera partout des inquiétudes, dont le résultat probable serait de déranger une branche d'industrie d'un très grand intérêt pour la France.

N*** persiste dans son opinion. Sur le nombre des imprimeurs nécessaires dans chaque département, on consulterait les conseils généraux, et un rapport du ministre de l'intérieur ferait connaître leur avis; ou peut-être suffirait-il de prendre l'avis des préfets.

Au reste, le brevet qu'on délivrera aux imprimeurs doit être rédigé de manière qu'il leur rappelle leurs devoirs, et la possibilité d'une suppression s'ils viennent à y manquer.

M. le comte Regnaud demande si, afin de prévenir toute alarme de la part des imprimeurs qui existent, il ne serait pas à propos de déclarer formellement qu'ils sont conservés.

N*** dit que pour se ménager le temps de réfléchir à tous les détails, il faut différer, jusqu'en 1811, la mise en activité du système; mais ce qu'il veut surtout obtenir, c'est que la profession d'imprimeur soit représentée comme un état qui appartient à la politique, avant d'appartenir au commerce.

M. le comte Defermon demande si ce sera l'imprimerie ou l'imprimeur qui sera bréveté.

N*** dit que ce sera l'imprimerie, comme cela se pratiquait autrefois; mais qu'il faudra aussi s'occuper de l'individu.

M. le comte Boulay dit qu'on pourrait bréveter l'imprimerie, et autoriser l'imprimeur.

N*** dit que les imprimeurs seraient assimilés aux notaires, aux avoués, qui n'entrent que dans les places vacantes, et qui n'y entrent que par nomination.

Le Ministre de la justice dit que jamais on ne refuse à un notaire, à un avoué la place de son père, pourvu qu'il la mérite; mais qu'on vérifie ce dernier fait avant de la lui accorder.

M. le comte Regnaud pense qu'on pourrait dire que le fils et la veuve d'un imprimeur continueront l'imprimerie, s'ils obtiennent l'agrément du chef du gouvernement.

M. le comte de Ségur demande qu'on ajoute que, dans le cas où ils n'obtiendraient pas l'agrément, ils seront autorisés à vendre l'imprimerie comme leur propriété.

M. le comte Regnaud n'est pas d'avis de différer, jusqu'en 1811, la mise en activité du système, parce que, jusqu'à cette époque, aucun imprimeur ne pourrait vendre son établissement.

N*** dit qu'il y a deux questions, celle du brevet et du serment, celle de la limitation.

Il demande si quelque membre du conseil veut parler sur la première.

Personne n'ayant réclamé la parole, N*** ouvre la discussion sur la seconde question.

M. le comte Berlier dit que la limitation du nombre des imprimeurs est désirable, parce qu'elle donnera plus de facilité à l'administration, mais qu'elle s'opérera d'elle-même avec le temps, et que peu-à-peu les choses prendront leur niveau.

N*** dit que l'expérience décide la question. On a établi plus d'agens de change, plus d'avoués qu'il n'en était besoin : qu'est-il arrivé? Ils ont su se créer des affaires. De même, si l'on souffre qu'il y ait trop d'imprimeurs, il est fort à craindre que, pour occuper leurs presses, ils ne se prêtent à imprimer des ouvrages dangereux.

M. le comte Begouen dit que la limitation absolue du nombre des imprimeurs ne serait un avantage que pour les imprimeurs eux-mêmes, en ce qu'elle détruirait la concurrence. L'intérêt de l'Etat est suffisamment à couvert par les précautions que le projet établit.

M. le comte Dubois pense que non seulement il est utile d'admettre la limitation, mais qu'on peut même l'opérer sans retard et sans secousse, parce que les imprimeurs conservés achèteront trés-volontiers le fonds des imprimeurs sans ouvrage. C'est ainsi que les bouchers de Paris se sont réduits eux-mêmes.

M. le comte Berlier dit que, sans doute, les choses se passeraient de cette manière ; mais la vente étant forcée, les vendeurs ne seraient plus maîtres du prix : or, serait-il juste, lorsqu'on leur ôte leur état, de leur imposer encore le sacrifice d'une partie de leur propriété?

M. le comte Gassendi dit que le moyen le plus simple de concilier avec la réduction le respect dû à la propriété, serait de ne supprimer les imprimeries qu'à mesure qu'elles viendraient à vaquer par la mort ou par la retraite des imprimeurs.

Avant de prononcer sur la question, on passe à la discussion du titre 4.

N*** dit que, dans l'article 16, on peut se réduire à défendre ce qui est contraire à l'ordre public et à l'intérêt politique de l'Etat. Cette expression, *les mœurs*, est tellement générique, qu'on peut l'interpréter de bien des manières; et, d'ailleurs, celui qui offense les mœurs offense aussi l'ordre public.

M. le baron PASQUIER observe que, dans l'ordre naturel des idées, l'article 22 devrait être placé après l'article 16.

M. le comte REGNAUD admet ce changement.

L'article 17 est discuté.

N*** dit que cet article donne au ministre un pouvoir exclusif. L'impression ou la publication d'un ouvrage ne doit pouvoir être défendue que par un décret du chef du gouvernement.

M. le comte de SÉGUR pense qu'on peut donner au ministre le droit de les suspendre, s'il y a urgence.

N*** dit qu'il n'entend pas refuser ce droit au ministre; mais, ici, on lui donne celui de statuer définitivement, et c'est ce qu'il ne consent point à lui accorder. Il veut juger par lui-même s'il y a lieu de faire une exception à la loi commune. Il ne veut pas qu'on puisse faire des injustices sous son nom; qu'on ruine, à son insu, un imprimeur ou un libraire. Il en est de la suppression d'un ouvrage comme des arrestations : le ministre de la police ne doit point se les permettre sans l'ordre du chef du gouvernement. La garantie des citoyens n'est que là. Le projet, à la vérité, fait intervenir la commission du Sénat, mais cette commission ne peut qu'arrêter des représentations au chef du gouvernement; et, certes, la nécessité de soumettre l'affaire à son jugement, est bien autrement efficace. Elle atteint bien mieux aussi le but du décret. Autrefois, on pouvait impunément mal parler du Roi, pourvu qu'on n'allât point jusqu'à mal parler du lieutenant de police. Il faut donc rédiger ainsi l'article : « Nous nous » réservons de défendre, sur le rapport de notre » ministre de la police, l'impression ou la publi- » cation des ouvrages dans les cas prévus par le » présent décre t.

N*** s'arrêtant ensuite à l'article 21, dit qu'il ne voit pas pourquoi il serait besoin de motifs nouveaux pour supprimer un ouvrage qui a passé à la censure. De ce que le censeur s'est trompé ou n'a pas fait son devoir, il ne s'ensuit point qu'on doive laisser courir un livre dangereux.

L'ARCHICHANCELIER propose de retrancher en entier cette seconde partie de l'article. Il observe qu'il n'y a pas plus de motifs pour accorder des indemnités à l'auteur, sur l'ouvrage duquel le censeur a porté un faux jugement, que pour en donner à la partie à qui les tribunaux ont fait mal-à-propos perdre son procès : au surplus, ce cas se présentera bien rarement.

La proposition du préopinant est adoptée.

L'article 22 est discuté.

M. le comte Berlier demande qu'on exempte des dispositions du décret les mémoires et écrits publiés par des avocats sur des affaires engagées dans les tribunaux.

L'archichancelier dit que l'exception est de droit. Il n'appartient qu'aux tribunaux de supprimer les écrits publiés à l'occasion d'un procès.

Le Ministre de la justice dit qu'ils exercent tous les jours ce pouvoir.

M. le comte Regnaud dit qu'il n'a pas inséré l'exception dans le projet, parce qu'elle est de droit, et qu'on statuera sur tout cela par les réglemens qui organiseront les avocats, mais qu'il l'exprimera dans la rédaction nouvelle.

M. le comte Defermon dit que l'on ne peut pas non plus soumettre à la déclaration les affiches et annonces pour vente de maisons et autres objets semblables, et que cependant on ne trouve pas d'exception à cet égard dans le décret.

M. le comte DE SÉGUR dit que, sur ces choses, on ne peut que s'en rapporter à la sagesse de ceux qui seront chargés d'exécuter le décret ; car, si la plus grande partie des placards ne contient rien que d'innocent, il peut aussi y avoir des placards dangereux.

M. le comte BERLIER dit qu'à force de s'en rapporter, on en viendra à ne rien laisser libre. Il serait nécessaire de poser nettement le principe, que les écrits qui ne regardent que l'intérêt privé ne sont pas assujétis à la déclaration. S'il s'y trouve quelque chose de répréhensible, les parties se pourvoiront devant les tribunaux.

L'ARCHICHANCELIER dit que tout est sauvé par la disposition fondamentale qui annonce qu'on ne peut empêcher ni supprimer que les écrits contraires à l'ordre public et à l'intérêt politique de l'Etat.

M. le comte REGNAUD dit qu'il ne restera point de doute si l'on subtitue le mot *ouvrage* au mot *manuscrit*.

N*** dit que tout cela s'arrangera dans

l'exécution. La direction et les préfets n'ont pas intérêt à élever de vaines difficultés.

Les articles 23, 24 et 25 sont adoptés sans discussion.

L'article 26 est discuté.

N*** dit qu'en cas de contestation, on pourrait autoriser le directeur à réunir plusieurs censeurs pour former un tribunal.

M. le comte Regnaud dit que le motif qui a déterminé à exclure toute réunion de censeurs, est que, bien difficilement, on rencontre deux personnes qui aient les mêmes vues politiques ou littéraires.

M. le comte Regnaud ajoute que c'est ici le lieu de rendre compte au chef du gouvernement de la demande faite par l'Institut. Autrefois, l'académie censurait elle-même les ouvrages de ses membres. L'Institut désire conserver ce droit. La censure serait exercée par chacune de ses classes.

N*** dit qu'il ne voit point de difficulté à accorder cette demande.

Revenant à l'objet de la discussion, N*** dit qu'il serait juste de donner à l'auteur, dont un censeur a rejeté l'ouvrage, le droit de se pourvoir devant le directeur. Aucun article ne lui ouvre ce recours.

En général, le projet est incomplet ; il manque d'ensemble.

M. le comte REGNAUD dit que cela vient de ce qu'on n'a pas bien saisi les intentions du chef du gouvernement. Relativement à l'intérêt de l'Etat, ses idées sont sévères ; elles sont libérales relativement aux intérêts des auteurs ; et c'est par cette raison qu'il voulait instituer un tribunal : mais le ministre n'a pris du système que ce qu'il a de sévère.

Au reste, il serait de toute justice d'ouvrir aux auteurs un recours contre la décision des censeurs.

L'ARCHICHANCELIER dit que ce recours est ouvert de droit. Un auteur qui se croira lésé, adressera ses réclamations au chef du gouvernement, qui fera examiner le livre par une commission, et lévera la prohibition, s'il y a lieu.

M. le baron VILOT de FRÉVILLE, maître des requêtes, pense qu'il conviendrait de créer une institution permanente, à l'instar de la commission du contentieux. On pourrait, par exemple, former une commission de conseillers d'état ou de maîtres des requêtes, pour prononcer entre l'auteur et le censeur.

N*** dit que le projet est essentiellement vicieux, parce qu'il rend tout-à-fait arbitraire le pouvoir d'un ministre puissant, accoutumé à se passer de régles, et qui sait bien que quelques actes irréguliers ne l'exposent point à une destitution : c'est par cette raison qu'il serait utile de créer un tribunal; mais celui qu'on avait proposé était trop nombreux. Un président et deux assesseurs suffiraient.

En général, le projet ne présente point de garantie contre le ministre de la police. Il serait possible que ce qui mérite la plus sérieuse attention échappât à ce ministre; qu'il s'appesantît, au contraire, sur les choses d'un moindre intérêt; et cependant le chef du gouvernement ne verrait que par lui.

Pour sauver les inconvéniens, on pourrait laisser agir le directeur de l'imprimerie, et le rendre responsable de l'arbitraire.

M. le comte Regnaud observe que le directeur serait toujours placé sous un ministre.

N*** dit qu'il ne serait pas en rapport avec un seul ministre, mais avec tous.

On se réduirait donc à instituer un directeur général et deux assesseurs pour prononcer sur les contestations; il y aurait ensuite des référendaires qui feraient les examens et les rapports.

M. le comte REGNAUD pense que, sans doute, l'intention du chef du gouvernement est de réserver ensuite le recours à lui-même.

N*** dit que ce recours est de droit, et qu'il est inutile de s'en expliquer.

M. le comte DE SÉGUR croit apercevoir de la contradiction dans le système : s'il n'y a pas de déclaration, on ne peut prohiber l'ouvrage que par ordre du chef du gouvernement : cet ordre cesse d'être nécessaire lorsque la déclaration a été faite.

N*** dit que cette différence vient de ce que, dans le dernier cas, il y a des formes et des régles, et qu'il n'en existe point dans l'autre.

Mais pour revenir au système général, il faut partir du principe que la police ne doit agir qu'afin de pourvoir au danger du moment. Or, la France est dans une situation telle, qu'on n'a plus à craindre que les ouvrages qui distillent goutte à goutte un poison dont l'effet ne se fait sentir qu'à la longue. Ce serait l'université, et non la police qu'il conviendrait d'opposer à cette invasion des mauvais principes. Cette législation serait anti-sociale, qui, chez une grande nation, soumettrait l'imprimerie toute entière à la police. Que la police ne s'en mêle donc que dans les cas de crise ! Qu'au-delà, il n'y ait plus qu'un travail magistral et méthodique, et non une dictature ! Il faut, d'ailleurs, établir un équilibre entre les ministres.

M. le comte de Ségur dit qu'on atteindrait ce but, en confiant la direction de l'imprimerie à un conseiller d'état, qui serait assisté de quelques maîtres des requêtes, aurait auprès de lui des auditeurs, et correspondrait avec tous les ministres.

N*** dit que c'est là sa pensée; qu'au surplus, s'il faut placer le directeur sous un ministre, cette attribution conviendrait mieux au ministre de l'intérieur qu'à celui de la police.

Le projet est renvoyé à la section pour présenter une rédaction nouvelle, conforme aux principes et aux amendemens adoptés dans le cours de la discussion.

SÉANCE

Du 28 *décembre* 1809, *tenue au palais des Tuileries.*

M. le comte Regnaud fait lecture des observations et du projet, dont la teneur suit :

« Le commerce de la librairie est du plus grand intérêt pour l'Etat, puisqu'il donne la vie aux pensées bonnes ou mauvaises; mais il ne s'ensuit pas qu'il faille une grande administration pour le diriger.

« Il suffit de distinguer dans ce commerce ce qui lui appartient particulièrement, de ce qui se conduit par les lois applicables à toutes les professions, et de s'entendre sur la signification des mots *imprimerie* et *librairie*, considérés sous les rapports de l'administration.

« L'imprimerie est une entreprise; la librairie est un commerce. Cette distinction réelle va donner de suite les moyens de classer ces deux professions.

« L'imprimerie est une entreprise; c'est-à-dire qu'elle ne méne à sa suite aucune spéculation. On va chez un imprimeur; on fait un prix par feuille d'impression de tel format, de tel caractère, tirée à tel nombre : il ne peut rien gagner au-delà du bénéfice convenu d'avance; il ne peut rien perdre, à moins de n'être pas payé de celui qui l'emploie. Fût-il né le plus grand spéculateur du monde, comme imprimeur, il ne gagnerait pas plus que celui qui ne sait que les deux premières règles de l'arithmétique. Il peut être savant, habile; mais il n'est ni négociant, ni marchand; il ne fait aucune spéculation : c'est un entrepreneur.

» Puisque ses bénéfices ne dépendent pas de lui, mais des spéculations de ceux qui l'emploient, il est clair qu'en bonne administration le nombre des imprimeurs doit être fixé; car, lorsqu'une profession ne peut faire vivre qu'un nombre déterminé d'individus, et que le gouvernement ne limite pas ce nombre, il lui est impossible de compter sur la probité de ceux qui l'exercent. La misère présente étourdit sur la crainte des conséquences futures. L'imprimerie est une arme terrible, qu'il ne faut pas laisser entre les mains des malheureux. Cette raison politique était aussi connue autrefois que la raison politique des lois sévères sur la chasse. Ceux qui ne voient que le délit du braconnier qui tue un lapin, et ceux qui ne voient dans l'imprimerie qu'une profession, commettent la même erreur.

» Il y avait à Paris trente-six imprimeurs et trois imprimeries privilégiées, l'imprimerie royale, celle des fermes et celle de la loterie. Comme on imprime maintenant plus qu'autrefois, indépendamment des ouvrages littéraires, je crois que le nombre des imprimeurs, à Paris, peut être porté à cinquante. Ils vivront honorablement, sans aller à la fortune; mais cela suffit en bonne administration; et s'il en résulte que le fils succède à son père, l'art de l'imprimerie, aujourd'hui dans un état déplorable, se rétablira plus beau qu'il n'a jamais été, parce qu'il y a des progrès réels dans toutes les parties qui dépendent de la main-d'œuvre.

» En réduisant le nombre des imprimeurs de Paris à cinquante, on ne fera tort à personne. Il n'y a pas à Paris plus de cinquante imprimeries ayant quatre presses montées, et les caractères nécessaires pour les faire rouler; or, il est impossible qu'un imprimeur vive lui, sa famille, paye son loyer et ses impôts, avec une imprimerie moindre que celle indiquée ci-dessus. Beaucoup d'ouvriers, qui ont été tentés par la liberté illimitée, donnée pendant la révolution, ne quittent pas, parce qu'ils attendent, pour s'y décider, l'organisation de la librairie depuis si longtemps promise. De même, beaucoup d'imprimeurs, ayant un bon fonds de presses et de caractères, mais ne faisant rien, restent imprimeurs, parce qu'ils espèrent toujours une organisation. Plusieurs ont des places indépendamment de leur état.

« En réduisant le nombre des imprimeurs de Paris à cinquante, outre que l'on fait une chose bonne en administration, on fait une chose excellente en politique; la surveillance devient alors possible; des hommes qui ont un état fixe et honorable, sont moins disposés à agir contre les lois : 1°. parce qu'ils risquent davantage; 2°. parce que l'aisance est une garantie de la probité, et fait désirer d'obtenir de la considération. Un fait sans replique. Des libelles qui couraient en France avant la révolution, aucun ne s'imprimait à Paris, à moins qu'il ne fût secrètement autorisé par un ministre, ce qui arrivait souvent à M.M. de Choiseul, Maurepas et Turgot. Cette dernière considération doit entrer pour beaucoup dans la pensée du chef du gouvernement, et lui faire connaître l'importance d'avoir dans cette place un homme étranger à toute ambition, à toute autre crainte que celle de manquer à ses devoirs.

« Le nombre des imprimeurs étant borné, celui des apprentis est alors calculé sur le besoin probable d'ouvriers; et c'est ainsi que l'administration parvient à garantir, même à l'artisan, la sûreté de vivre dans l'état qu'il a embrassé. Aujourd'hui le maître imprimeur travaille de ses mains, baisse les prix, se prête à donner aux avoués des quittances de 500 feuilles tirées pour des mémoires ou des affiches, tandis qu'il n'en imprime pas réellement un cent; il aide aux vols pour avoir du pain, et l'ouvrier en manque. Telle est la situation secrète d'un état que quelques personnes légères disent être en prospérité. Je suis convaincu que plus les professions sont fixées, moins il y a de malheureux, et que l'effet infaillible de la liberté illimitée est d'augmenter le nombre des pauvres. A cet égard toutes les expériences sont faites.

« Ce qui concerne les apprentis imprimeurs est d'une extrême importance, parce que du réglement naîtront les bons protes: il n'y en a pas un seul aujourd'hui en France: ceci n'est point une exagération; aussi les ouvrages fourmillent-ils de fautes. En distinguant, comme cela doit être, les apprentis qui aspirent à la maîtrise, des apprentis qui n'ont pas l'espoir d'être maîtres, on est assuré d'avoir des protes comme autrefois, c'est-à-dire, comme trente ans avant la révolution, où l'on prit la triste mesure de ne plus faire d'apprentis autorisés à concourir, pour les imprimeries vacantes, avec les fils de maîtres. De cette mesure est née la décadence de l'imprimerie, sous le rapport de la correction des ouvrages.

» *Résumons.* L'imprimerie n'étant qu'une entreprise, dont le total des bénéfices peut être calculé, le nombre des imprimeurs doit être fixé par le gouvernement. Les imprimeurs paieront une patente, pour ne pas déroger au systéme des finances relatif au commerce; et en cela ils appartiennent aux lois générales : mais ils seront brevetés par le directeur de la librairie; et comme l'administration les aide réellement en bornant la concurrence, ils paieront un brevet ou une maîtrise de la manière prescrite par le décret. J'ose assurer qu'ils ne se plaindront pas plus que les notaires, les agens de change et les avoués ne se plaignent; car les motifs sont ici les mêmes; et quand les imprimeurs auront un état fixe, ils se marieront bien, seront au nombre des citoyens qui craignent les changemens politiques, et qui n'ont aucune jalousie des classes élevées. Qu'il y a de biens compris dans l'ordre!

» Si le nombre des imprimeurs doit être borné, parce qu'ils ne sont que des entrepreneurs, le nombre des libraires ne peut pas l'être, parce qu'ils sont des négocians; qu'ici l'homme tire beaucoup de ses propres ressources, et qu'aucun gouvernement ne peut prévoir où le spéculateur s'arrêtera. Ainsi, les libraires restent soumis aux lois générales sur les patentes ; et , c'est par cette même loi générale, que l'imprimeur, breveté comme imprimeur , peut , s'il le veut, unir à sa profession celle de libraire.

» Mais le mot *libraire* présente un sens vague, qu'il faut définir, non en grammairien, mais pour suivre les deux branches distinctes de ce commerce, telles qu'il les reconnaît lui-même.

» Il y a le libraire qui fabrique des livres, et le libraire qui se borne à en vendre : le premier est un négociant; le second, est un marchand, qu'on appelait autrefois *bouquiniste ;* c'était trop restreindre cet état, l'expérience l'a prouvé. Il faut donc s'en tenir aux définitions que les libraires eux-mêmes reconnaissent entre le fabricant et le marchand.

» Ici la librairie cesse de pouvoir être considérée par les lois générales du commerce : elle donne la circulation aux pensées bonnes ou mauvaises; la sûreté du gouvernement, la tranquillité publique, les mœurs sont intéressées dans ses spéculations ; il lui faut une surveillance particulière, sûre et peu onéreuse. Pourquoi ne profiterait-on pas, pour mieux l'établir, de la distinction réelle de ces deux branches de commerce ?

» En laissant les libraires-fabricans soumis aux lois générales sur les patentes, il faut les classer par les formes de leur réception , et par une finance particulière qui ne blessera pas leurs intérêts, parce qu'elle leur assurera un droit, et qui ne blessera les intérêts d'aucun concurrent, puisqu'aux mêmes conditions de science acquise et de finance, tout libraire-marchand pourra passer dans la classe des libraires-fabricans, le nombre n'en étant pas fixé. Ainsi s'établit la distinction que l'on déclarait impossible entre la librairie considérée dans ses rapports avec la littérature, et les chansons des rues, les petits almanachs et tant d'autres sottises nécessaires, auxquelles on rougirait de mettre le sceau de l'autorité, et qui, quoique surveillés sous les rapports de police, seront abandonnés aux libraires-marchands, et passeront sous les yeux du directeur de la librairie, sans compromettre sa dignité. Au contraire, la surveillance du directeur de la librairie, déjà bornée à cinquante imprimeurs pour la Capitale, n'aura plus à s'étendre d'une manière active que sur les libraires-fabricans : car quand les imprimeurs et ceux qui les emploient ne font rien contre les lois, il est impossible que ceux qui vendent, mettent en circulation d'autres livres que ceux qui sont autorisés. L'éducation que le gouvernement ne peut pas demander aux libraires-marchands ou *bouquinistes*, il a droit de l'exiger des libraires-fabricans. La haute librairie se relève aussitôt dans l'opinion publique et dans l'opinion de ceux qui l'exercent; la littérature y gagne, et les lois sont moins exposées à être violées, parce que plus la profession d'un homme est honorable et sûre, moins il est tenté de s'exposer à la ruine et au déshonneur.

« Après avoir examiné, en peu de mots, le matériel de l'imprimerie et de la librairie, il me semble qu'il est facile de poser, d'une manière sûre, les bases du décret dans cette partie. Sans avoir encore pu travailler sur la partie littéraire et politique, je suis sûr de l'ensemble.

« Il est impossible de présenter un projet de décret, sans motiver les dispositions qui ne ressemblent pas à celles des projets discutés dans le conseil-d'état; ces motifs exigent presque toujours de longs développemens: je tâcherai d'être bref.

« Je mets la direction de la librairie dans le ministère de l'intérieur et non dans le ministère de la police, par deux raisons principales: 1°. le ministre de la police n'a pas de fonctions administratives, mais une surveillance générale; il ne faut pas confier l'action à celui qui doit la surveiller. A ces deux considérations politiques, il n'est pas inutile de joindre les égards dûs aux littérateurs et marchands, surtout dans un moment où on veut les rappeler à leurs devoirs; ce qui ne se peut sans leur accorder de considération. Le ministre de la police ne sera cependant pas oublié dans les parties qui exigent la surveillance, telles que les livres venant de l'étranger, et ce qui intéresse la tranquillité publique.

» Le but politique du décret sur l'organisation de la librairie, est de concilier la liberté de penser avec la sûreté de l'Etat : cela n'est pas impossible.

» Il faut distinguer l'auteur qui doit être et rester libre jusqu'à ce qu'il devienne marchand, des imprimeurs et libraires qui ne cessent jamais d'être entrepreneurs et marchands, et qui, à ce titre, sont toujours soumis aux lois qui règlent leur profession. Appliquer constamment la loi aux imprimeurs et libraires, instrumens nécessaires des auteurs, pour les auteurs, avoir presque l'air de les oublier : c'est atteindre le but. Qu'est-ce qu'on entend par *liberté de penser?* Ce n'est sûrement pas le droit d'employer contre la sûreté et la tranquillité de l'Etat, des hommes qui ne doivent la sûreté et la prospérité de la profession qu'ils exercent, qu'à la protection du gouvernement. L'auteur a la liberté de penser et d'écrire tant qu'il veut ; mais lorsqu'il veut vendre sa pensée, en faire un moyen de commerce, il n'est plus auteur, il devient marchand ; il a besoin d'imprimeurs, de libraires ; c'est-là qu'il faut l'atteindre, parce que c'est-là qu'il se manifeste par un caractére que l'administration peut saisir. Ce n'est pas que je veuille que l'on conserve l'usage ruineux et impolitique de n'examiner les livres que quand ils sont imprimés, et d'en saisir les éditions; je veux seulement faire sentir que la loi doit bien plus s'appliquer aux instrumens nécessaires des auteurs qu'aux auteurs mêmes, parce que les premiers dépendent toujours de l'administration.

» Le projet discuté au conseil-d'état, a deux inconvéniens (le syndicat et le tribunal de censure), que le ministre de la police a fort bien fait sentir, quoiqu'il ait mis dans cette discussion un ton de mépris vraiment étrange à l'égard des membres du conseil du souverain. Du reste, le projet du conseil-d'état a beaucoup de parties sages dans les détails; le ministre les a prises : je l'imiterai, en les modifiant, pour les unir à l'esprit du projet que je présente.

» Le projet particulier du ministre de la police a le plus grand des inconvéniens, celui d'éluder les difficultés; de prendre la perfection de la main d'œuvre de l'imprimerie pour la perfection de l'art; de ne pas sentir qu'il y a moins de contrefaçons qu'en 1777, parce que la librairie, devenue pauvre, offre moins d'ouvrages à contrefaire; et surtout de faire reposer les frais de la direction de la librairie sur les amendes et confiscations : ce qui est convenir d'avance que la loi est si mauvaise, si mal faite, qu'il y aura beaucoup de contrevenans. Jamais aveu plus singulier n'a été fait dans un projet, précédé d'un rapport remarquable par le ton d'assurance qui y règne. J'ose croire que les délits seront rares, et parconséquent les amendes. Cependant, le ministre a le mérite d'avoir senti qu'une administration a besoin d'être dirigée par une seule main; idée vraie dans une monarchie et même dans une république.

« La librairie est pauvre, il ne faut pas la charger; mais elle doit faire les frais de l'administration destinée à la protéger, à la rétablir. Aucun des deux projets ne traite de cette partie.

« Aucun n'a prévu un des plus grands obstacles de la prospérité de cette profession; le voici : La contrefaçon positive est soumise aux tribunaux; mais il y a une autre contrefaçon à laquelle les lois judiciaires ne sont pas applicables, qui désespère les libraires, et qui finirait par livrer leur profession aux brigands. Paul fait imprimer le *Répertoire du Théâtre-Français*, belle édition, pour laquelle il s'engage de cent cinquante mille francs; c'est un ouvrage de bibliothèque. Un libraire, avec dix mille francs; fait le même ouvrage sous le titre de *Théâtre du second Ordre*; l'édition est petite, sans aucune idée littéraire;

elle tue la grande, et profite à peine à celui qui fait la petite. Déterville annonce un *Dictionnaire d'Agriculture*, dont la rédaction est confiée à une société de savans distingués; l'entreprise est superbe et demande du temps. Buisson annonce le même ouvrage en six volumes, paraît de suite, ne gagne presque rien, et nuit à celui qui avait conçu la première idée. Celui-ci fait un *Dictionnaire Grec*, impression ruineuse, si l'on n'a du temps pour vendre: celui-là va faire le *Vocabulaire Grec*; le titre changé, et quelques mots de plus ou de moins dans le texte, il n'y a plus de contrefaçon devant les tribunaux. Enfin, le brigandage est poussé si loin, qu'aussitôt qu'il est connu qu'un libraire fait une belle entreprise, un autre libraire va lui dire qu'il a conçu le même projet, et en obtient, pour renoncer à une concurrence souvent imaginaire, trois ou quatre cents exemplaires, qu'il s'empresse de vendre au-dessous du cours; ce qui fait tomber de suite l'édition. Telles sont les causes de la décadence du commerce de la librairie; telles sont les conséquences de la liberté illimitée, et, en partie, les motifs qui m'ont fait distinguer les libraires-fabricans des libraires-marchands, afin de diminuer le désordre, en diminuant d'abord les concurrens. C'est en cela que la direction de la librairie n'est pas aussi simple que le dit le ministre de la police : c'est pour cela que je demanderai, dans le projet, que le directeur de la librairie ait un conseil commercial, formé d'imprimeurs et libraires, qui ne seront pas payés, mais honorés : ce qui répondra à la chambre syndicale, sans en avoir les inconvéniens ; puis qu'ils ne s'assembleront qu'avec lui et dans le nombre qu'il les appellera. Par la même raison, je demanderai qu'il puisse se former un conseil littéraire, en appelant près de lui un nombre de censeurs nommés par le chef du gouvernement ; et quand la question sera à-la-fois commerciale et littéraire, il composera son conseil en conséquence. Dans les tribunaux, la loi doit être plus forte que les hommes. En administration, ce sont les hommes qui bonifient les réglemens ; car il est impossible et dangereux de trop prévoir. Preuve du danger.

« L'article 35 du projet discuté au conseil-d'état, porte que l'individu qui aura fait le premier sa déclaration pour la traduction d'un ouvrage imprimé à l'étranger, jouira en France des droits d'auteur. Il s'établira, dès-lors, une compagnie d'agioteurs qui, instruits par une simple correspondance des ouvrages imprimés à l'étranger, iront déclarer qu'ils veulent traduire, et céderont ensuite ce droit acquis aux libraires, qui n'en seront pas moins obligés de payer les frais de traduction à celui qui traduira réellement. En administration, il ne faut pas prévoir légalement les cas particuliers. De bonnes lois générales, une profession honorée, le nombre de ceux qui l'exercent restreint par l'impossibilité que tous remplissent les conditions demandées pour être admis : et, en quelques années, la librairie reprendra son éclat.

« Les ouvrages des auteurs morts, il y a vingt ans, appartiennent au public. Qu'est-ce que le public propriétaire ? Ces ouvrages appartiennent au gouvernement ; et si l'on ne le dit pas en termes exprès, il faut du moins agir d'après cette conviction. Personne ne s'en plaindra, car la prospérité de la librairie l'exige, et les libraires le demandent : au reste, cette propriété protectrice se borne à exiger que les libraires, avant de réimprimer d'anciens ouvrages, en fassent la déclaration au directeur de la librairie, qui, lorsqu'il aura accordé à un libraire l'autorisation de faire une édition de tel format d'un auteur mort, n'accordera pas demain la même permission à un autre, et après-demain, à celui qui se présentera encore. Tous ces détails ne peuvent être fixés par une loi, et ici revient la nécessité d'un conseil littéraire et commercial, toujours avec appel de ses décisions au ministre de l'intérieur : ainsi, point d'arbitraire de la part d'une chambre syndicale, point d'arbitraire de la part du directeur de la librairie, et même point d'arbitraire de la part du ministre de l'intérieur : car l'administration ne peut décider que ce qui est du ressort de l'administration ; et si les contestations rentraient dans l'ordre judiciaire, et ne pouvaient être conciliées administrativement, les parties ont leurs recours devant les tribunaux.

« Je ne puis entrer dans les détails fastidieux qui justifieraient le moyen porté au décret pour faire payer au commerce de la librairie l'administration de la librairie. Qu'il suffise de dire que le droit est si léger, que chaque volume in-8°, de cinq cents pages d'impression, ne paie pas au-delà d'un sou ou cinq centimes; qu'ainsi, pour une édition d'un fort volume in-8°, à mille exemplaires, l'avance de l'éditeur-propriétaire est au plus de cinquante francs, que la perception n'entraîne aucuns frais, aucune démarche nouvelle de la part du contribuable. J'ajoute que le commerce de la librairie ne s'en plaindra pas, parce qu'il y trouvera des avantages positifs.

Considération politique, de la plus haute importance, cachée sous ce léger droit.

« Il est impossible de deviner, dans les projets discutés au conseil d'état, ce que c'est qu'un livre soumis à des formalités, qui paraît sans autorisation positive, seulement parce qu'il n'y a pas de prohibition, et sans porter aucune preuve de cette non-prohibition; ce qui ne donne aucune garantie à ceux qui en achètent pour le revendre, et aux inspecteurs chargés de la police de ce commerce. On n'a osé revenir aux priviléges approbatifs; on a bien fait : il ne faut pas employer un moyen bon, mais qu'on est parvenu à rendre odieux et ridicule. Cependant, puisqu'il est vrai que l'autorité intervient et fait bien d'intervenir avant que l'ouvrage soit imprimé ou mis en vente, il faut l'avouer formellement, mais dans des termes qui paraissent n'avoir pour but que de mettre la propriété littéraire sous la sauve-garde des lois. Les libraires le font lorsqu'ils impriment au revers du premier titre le décret contre les contre-facteurs. Puisqu'il va s'établir un ordre nouveau, pourquoi le directeur de la librairie ne mettrait-il pas sur le manuscrit avant de le rendre ?

« Je déclare que N... (le nom du libraire ou éditeur-propriétaire) s'étant conformé aux lois de la librairie pour la présente édition (ici le titre de l'ouvrage, le format et le nombre des volumes), sa propriété est spécialement garantie par l'autorité chargée de découvrir, de poursuivre et de punir les contre-acteurs. (Le jour, le mois, l'an et la signature du directeur).

« Il n'est ici question ni de censure, ni d'approbation ; les lois de la librairie comprennent tout implicitement. Le propriétaire a un titre ; le contrefacteur, une honte et une crainte de plus à surmonter ; les surveillans, un moyen simple de distinguer les ouvrages non prohibés ; et le gouvernement use de tous ses droits, sans que le plus habile critique puisse mal interpréter une déclaration aussi simple.

« On pourra trouver des objections contre le projet que je propose ; on en trouve contre tout, et souvent faute de comprendre qu'un article de loi n'est pas isolé, qu'il se rattache à l'esprit de la loi, et qu'il a prévu des conséquences que la loi ne détaille jamais. Je ne serai pas là pour répondre. Cependant, s'il était fait une objection forte, et qu'on voulût me la faire passer, j'en rendrais bon compte ; car, si elle était valable, je l'avouerais, n'ayant aucun genre d'esprit contre ma conviction. Au reste, il ne s'agit pas d'un projet qui n'ait aucun inconvénient, mais d'un projet qui embrasse le système entier de la librairie ; et rendre à ce commerce sa prospérité, en donnant au gouvernement une surveillance sûre et facile, c'est le but que j'ai tâché d'atteindre.

TITRE Ier.

Des conditions à remplir pour exercer la profession d'imprimeur ou libraire.

Art. 1. Le nombre des imprimeurs à Paris sera successivement réduit à cinquante. Tous ceux qui exercent aujourd'hui cette profession sont conservés de droit, pourvu qu'ils aient quatre presses montées et les caractères nécessaires pour les mettre en activité, et qu'avant le premier janvier mil huit cent dix, ils fassent devant le préfet de police la déclaration qu'ils sont dans l'intention de continuer.

2. La même déclaration aura lieu par tous les imprimeurs de l'empire, devant le préfet de leur département, dans le mois qui suivra la publication qui suivra le présent décret. Le nombre des imprimeurs, dans chaque ville, sera réduit successivement, s'il est nécessaire, sur la demande des préfets adressée au directeur de la librairie, et d'après la décision du ministre de l'intérieur.

3. A l'avenir, pour être reçu apprenti-imprimeur, avec le droit de concourir pour une imprimerie vacante, soit à Paris, soit dans les départemens, il faudra avoir obtenu de l'Université, dans les formes qui seront réglées, l'attestation que l'on sait traduire le latin et lire le grec.

4. Pour être reçu imprimeur, il faudra joindre à l'attestation obtenue de l'Université un brevet d'apprentissage, signé par le maître imprimeur chez lequel on aura été élevé, et qui atteste qu'on a rempli les conditions qui seront déterminées par un réglement particulier sur les apprentis.

5. Les apprentis imprimeurs, qui ne se destinent pas à

concourir pour une maîtrise, ne sont pas astreints aux conditions énoncées dans l'article précédent.

6. Les maîtres imprimeurs restent soumis aux lois générales sur les patentes, et peuvent joindre le commerce de la librairie à leur profession.

7. Tout imprimeur à Paris, qui fera la déclaration qu'il est dans l'intention de continuer l'exercice de sa profession, et quiconque à l'avenir obtiendra une imprimerie vacante, paiera, en recevant son brevet du directeur de la librairie, la somme de trois mille francs. Il sera fait un réglement particulier sur les brevets des maîtres imprimeurs dans les départemens. Le brevet de maître imprimeur servira à celui qui l'aura obtenu, tant qu'il exercera sa profession, et à sa veuve, si elle la continue elle-même.

8. Trois mois après la publication du présent décret, tout individu qui exercerait la profession d'imprimeur sans être breveté par le directeur de la librairie, sera traduit au tribunal correctionnel, puni d'une amende qui ne pourra pas excéder deux mille francs; son imprimerie sera fermée, et tous les objets qui la composent seront confisqués. S'il était convaincu d'avoir employé ses presses à imprimer des ouvrages contraires aux intérêts de l'Etat, à la tranquillité publique, aux mœurs, il resterait soumis aux lois qui concernent ce délit.

9. Les libraires-fabricans, c'est-à-dire, ceux qui font imprimer des livres nouveaux, qui réimpriment d'anciens ouvrages, et qui, par conséquent, font le commerce de la librairie en gros, restent soumis aux lois générales sur les patentes. Ils seront, de plus, brevetés par le directeur de la librairie, et paieront, en recevant leur brevet, la somme de trois mille francs. Ce brevet servira à celui qui l'aura obtenu, tant qu'il exercera le commerce en

son nom, et à sa veuve, si elle le continue elle-même. Il sera fait un réglement pour les libraires-fabricans des départemens.

10. A l'avenir, pour obtenir un brevet de libraire-fabricant, il faudra présenter un certificat de l'Université, qui atteste qu'on sait traduire le latin, lire le grec, et un brevet d'apprentissage, dans les formes qui seront réglées. Ces conditions ne sont pas nécessaires pour les libraires-fabricans, aujourd'hui en possession d'exercer le commerce de la librairie en gros, ni même pour les libraires-marchands qui, avant le premier janvier, déclareront devant le préfet de police, qu'ils veulent se faire recevoir libraires-fabricans, et qui, dans les trois mois qui suivront la publication du présent décret, auront reçu leur brevet du directeur de la librairie.

11. Les livres nouveaux et les anciens ouvrages qui seront réimprimés, ne pourront être annoncés pour la vente que chez les libraires-fabricans. Les auteurs qui feront imprimer leurs ouvrages à leur compte, peuvent les faire annoncer à leur domicile; mais s'ils croient devoir y joindre l'adresse d'un ou de plusieurs libraires, ils ne pourront imprimer que l'adresse d'un ou de plusieurs libraires-fabricans.

12. Les libraires-marchands restent soumis aux lois générales sur les patentes, et ne sont astreints qu'à obtenir du directeur de la librairie une permission d'ouvrir boutique, en se conformant aux lois sur la librairie. Ils pourront vendre et acheter tous livres vieux et neufs; mais il leur est interdit de faire imprimer aucun ouvrage pour leur compte, d'annoncer aucune édition sous leur nom et à leur domicile, sous peine de deux mille francs d'amende et de confiscation.

13. Les libraires-marchands peuvent faire imprimer

pour leur compte, et annoncer à leur domicile les petits almanachs et autres ouvrages peu volumineux, qui, n'ayant aucun rapport avec les sciences, les lettres et les arts, n'ont besoin pour circuler que d'une permission de police accordée par les préfets : cependant, à Paris, ces ouvrages seront présentés au directeur de la librairie, qui les fera remettre aux propriétaires, paraphés et ainsi apostillés : *Renvoyé au préfet de police.* Ces mots et la signature du directeur de la librairie, seront imprimés au-dessus de la permission obtenue.

14. Le directeur de la librairie, assisté d'imprimeurs et de libraires-fabricans, choisis par le ministre de l'intérieur, pourra régler des dédommagemens pour les imprimeurs qui, en exécution du présent décret, quitteraient leur état ; et ces dédommagemens, calculés d'après la valeur de leur établissement, seront pris sur les sommes provenant des brevets accordés aux imprimeurs qui continueront à exercer.

Le réglement du directeur de la librairie, relatif aux dédommagemens ci-dessus énoncés, sera soumis au ministre de l'intérieur, et ne sera valable que par son autorisation.

TITRE II.

De la police de la librairie.

15. Chaque imprimeur ou libraire-fabricant, indépendamment des livres à la tenue desquels il est obligé par le code de commerce, doit avoir un livre coté et paraphé par le préfet du département, et à Paris, par le directeur de la librairie, où il inscrira le titre de chaque manuscrit qu'il imprimera ou donnera à imprimer, avec le nom de l'auteur.

16. Les inspecteurs de la librairie ont le droit de visiter

en tout temps les ateliers, boutiques et magasins des imprimeurs et libraires, de se faire représenter le livre indiqué à l'article précédent, et de constater les délits en matière de librairie. Les officiers de police peuvent faire les mêmes recherches pour les mêmes objets, pourvu qu'ils justifient à l'imprimeur ou libraire, chez lequel ils se présentent, d'un mandat du préfet de police qui les y autorise.

TITRE III.

Des formalités à remplir par les auteurs, imprimeurs et libraires.

17. Il y aura des censeurs nommés par nous, sur la présentation de notre ministre de l'intérieur. Ils ne formeront point une corporation; mais dans les discussions particulières qui intéressent la propriété littéraire, et qui peuvent être terminées administrativement, sauf le recours des parties intéressées devant les tribunaux, le directeur de la librairie pourra appeler un nombre déterminé des censeurs nommés par nous, et en former un conseil. Si ces discussions intéressent à-la-fois la propriété littéraire et commerciale, le directeur de la librairie appellera à ce conseil un nombre déterminé de libraires-fabricans ou imprimeurs, pris sur les quinze libraires-fabricans ou imprimeurs, qui, chaque année, seront distingués par nous à cet effet sur la présentation de notre ministre de l'intérieur.

18. Les auteurs qui font imprimer leurs ouvrages à leur compte, et qui n'en annoncent la vente qu'à leur domicile, peuvent ne pas les présenter à la censure avant de les livrer à l'impression. L'ouvrage, dès qu'il est imprimé, entre sous la surveillance de l'autorité publique, et est soumis aux lois sur le commerce et la police de la librairie.

19. Aucun imprimeur ne peut mettre sous presse un manuscrit, et aucun libraire ne peut mettre en vente un livre, s'il ne porte la déclaration faite par le directeur de la librairie que l'éditeur propriétaire s'est préalablement conformé aux lois de la librairie. Cette déclaration ne portera ni approbation ni le nom d'un censeur. Elle sera conçue en ces termes :

« Je déclare que N . . . (*le nom du libraire ou imprimeur-éditeur*) s'étant conformé aux lois de la librairie pour la présente édition (*le titre de l'ouvrage, le format et le nombre de volumes*), sa propriété est spécialement garantie par les autorités chargées de découvrir, de poursuivre et de punir les contrefacteurs.

» (*Le jour, le mois, l'année, et la signature du directeur de la librairie.*) ».

20. Un auteur, éditeur de ses propres ouvrages, peut obtenir la même déclaration, en se conformant aux dispositions ci-dessus énoncées; il est obligé de la demander, s'il veut annoncer la vente de son ou de ses ouvrages chez un ou plusieurs imprimeurs ou libraires, puisque ceux-ci ne peuvent, dans aucun cas, se soustraire aux obligations qui leur garantissent la sûreté et la propriété de leur profession.

21. Le directeur de la librairie charge particulièrement un ou plusieurs censeurs de l'examen de chaque manuscrit ou ouvrage ; leurs rapports signés lui sont remis.

22. En cas de réunion de plusieurs censeurs, le plus ancien les présidera.

23. L'éditeur d'un ouvrage, ou le propriétaire d'un manuscrit, pourra, après la décision qui lui sera communiquée, s'adresser au directeur de la librairie, s'il a des observations à lui présenter; et s'il n'obtenait pas la

justice qu'il croit lui être due, il aurait recours au ministre de l'intérieur.

24. L'auteur qui voudra, l'imprimeur ou le libraire éditeur-propriétaire qui doit soumettre son manuscrit à un examen préalable, le présentera, à Paris, au directeur de la librairie; dans les départemens, au préfet. Si, après avoir obtenu la déclaration que l'ouvrage est sous la garantie de l'autorité, des motifs non-prévus exigeaient qu'on en arrêtât la circulation; l'auteur ou éditeur-propriétaire aurait droit à une indemnité.

25. Les manuscrits présentés à l'examen par l'auteur ou par l'éditeur-propriétaire, seront enregistrés au secrétariat de la direction de la librairie, et il en sera donné un récépissé.

26. Nul imprimeur ne peut mettre un ouvrage sous presse sans en faire la déclaration au préfet de son département; et à Paris, au directeur de la librairie. Les préfets donneront sans retard connaissance au directeur de la librairie des déclarations qu'ils auront reçues des imprimeurs de leur département.

27. Si le nom de l'auteur n'est pas sur le titre de l'ouvrage, et que l'imprimeur ne puisse le faire connaître, il reste responsable.

TITRE IV.

De la propriété littéraire et de sa garantie.

28. Le droit de propriété est garanti à l'auteur et à sa veuve pendant leur vie, et à leurs enfans pendant vingt ans.

29. L'auteur peut céder son droit à un imprimeur ou libraire, ou à toute autre personne, qui est alors substituée

à son lieu et place par lui et ses ayant-cause, comme il est dit à l'article précédent.

30. Tout auteur-éditeur de ses propres ouvrages, mais qui veut, sur le titre, en annoncer la vente chez les imprimeurs ou libraires; tout imprimeur ou libraire propriétaire-éditeur d'un ouvrage, paiera à la direction de la librairie, en obtenant la déclaration qui met sa propriété sous la garde de l'autorité pour la poursuite des contrefacteurs, la somme de *deux francs* par feuille d'impression tirée à mille exemplaires, quel que soit le format; cette somme augmentera d'*un franc* par chaque fois cinq cents de tirage au-dessus du premier mille.

Il n'y a pas de fraction au dessous de cinq cents.

31. Les ouvrages qui, par le temps, n'appartiennent plus aux enfans ou ayant-cause des auteurs, ne pourront être réimprimés sans l'autorisation du directeur de la librairie, qui l'accordera ou la refusera, après avoir consulté les imprimeurs et libraires désignés par nous pour former son conseil. Sa décision sera motivée sur les intérêts généraux du commerce de la librairie, et signée par lesdits imprimeurs et libraires.

32. L'autorisation accordée par le directeur de la librairie pour la réimpression des ouvrages qui, par le temps, n'appartiennent plus aux enfans des auteurs ou à leurs ayant-cause, désignera le format de l'édition, le nombre des exemplaires et le temps limité pour son débit. Cette autorisation sera imprimée à la dernière page de ladite édition.

33. Tout éditeur, qui aura obtenu l'autorisation énoncée à l'article précédent, paiera, par chaque feuille d'impression, tirée à mille exemplaires, quel que soit le format, la somme de *quatre francs*; cette somme augmentera de

deux francs par chaque fois cinq cent de tirage au-dessus du premier mille.

Il n'y a pas de fraction au-dessous de cinq cents.

34. L'autorisation énoncée en l'article 32, met l'édition qui la porte au rang des autres propriétés littéraires, et est garantie par les mêmes lois.

TITRE V.

De la direction de l'imprimerie et de la librairie.

35. Il sera attaché au ministère de l'intérieur un directeur de la librairie.

36. Il aura sous sa dépendance les inspecteurs qu'il sera jugé nécessaire d'établir.

37. Il travaillera avec le ministre de l'intérieur, exécuter ses décisions.

38. Il recevra et fera exécuter les ordres du ministre de la police générale sur tout ce qui intéresse la tranquillité publique dans le commerce de la librairie.

39. Les inspecteurs, qui pourraient être établis dans les départemens, seront subordonnés aux préfets.

TITRE VI.

Des délits en matière de librairie, et du mode de les punir.

40. Le délit de contrefaçon est punissable d'amendes, confiscation, dommages-intérêts, et même de détention, s'il y a lieu.

41. Les tribunaux correctionnels connaissent de ce dé-

lit, et prononcent, sauf le recours aux cours supérieures.

42. Les autres contraventions sont du ressort de l'administration.

Cependant, la réparation des injures faites, ou le préjudice porté aux particuliers, par suite du droit d'imprimer, peut toujours être poursuivi devant les tribunaux.

43. Il y a lieu à confiscation et amendes au profit de l'Etat, dans les cas suivans :

1°. Si l'ouvrage est sans nom d'imprimeur ;

2°. Si l'imprimeur n'a pas fait, avant l'impression de l'ouvrage, la déclaration prescrite par l'article 26 ;

3°. Si, l'ouvrage ayant été présenté à l'examen, l'éditeur-propriétaire le publie sans la déclaration du directeur de la librairie, portée à l'article 19 ;

4°. Si, étant imprimé à l'étranger, il est présenté à l'entrée sans permission, ou circule sans être estampillé ;

5°. Si c'est une contrefaçon déclarée telle par les tribunaux, et sans préjudice des dommages-intérêts envers l'auteur ou éditeur ou leurs ayant-cause.

44. L'amende sera de trois cents francs au moins, et de trois mille francs au plus.

TITRE VII.

Du mode de constater les délits et contraventions.

45. Les délits et contraventions sont constatés par les inspecteurs de la librairie, les officiers de police à ce autorisés, et par les préposés aux douanes, pour les livres

venant de l'étranger. Chacun dresse procès-verbal de la nature du délit et contravention, des circonstances et dépendances, et le remet au préfet de son arrondissement pour être adressé au directeur de la librairie. A Paris, ce procès-verbal lui est remis directement.

46. Les procureurs généraux ou impériaux sont tenus de poursuivre d'office, dans tous les cas prévus par le présent décret, sur la simple remise des procès-verbaux dûment affirmés.

TITRE VIII.

Des livres imprimés à l'étranger.

47. Aucun livre en langue française et latine, imprimé à l'étranger, ne pourra entrer en France sans payer un droit, pour lequel il sera fait un tarif spécial, lequel ne pourra être au-dessous de cinquante pour cent de la valeur du livre.

48. Aucun livre en langue française ou étrangère, imprimé hors de France, ne pourra être introduit en France sans une permission du ministre de la police générale, annonçant le bureau des douanes par lequel il entrera.

49. En conséquence, tout ballot de livres venant de l'étranger, sera mis par les préposés des douanes sous corde et sous plomb, et envoyé, soit à la préfecture ou sous-préfecture la plus voisine, soit au commissariat-général de police le plus voisin.

50. Si les livres sont reconnus conformes à la permission, chaque exemplaire, ou le premier volume de chaque exemplaire, sera marqué d'une estampille, au lieu du dépôt provisoire, et ils seront remis au propriétaire.

TITRE IX.

Dispositions diverses.

51. Chaque imprimeur sera tenu de déposer à la préfecture de son département, et à Paris, à la direction de la librairie, quatre exemplaires de chaque ouvrage, savoir : un pour la bibliothèque impériale, un pour le ministre de l'intérieur, un pour le ministre de la police générale, un pour la direction de la librairie.

52. Le produit des confiscations et amendes au profit de l'Etat, reçu par les agens du domaine, sera versé à la caisse de la direction de la librairie; l'emploi en sera déterminé par le ministre de la police générale.

53. Il sera statué par des réglemens particuliers sur ce qui concerne,

1°. Les imprimeurs et libraires, leur réception et leur police;

2°. Les libraires étaleurs;

3°. Les fondeurs de caractères;

4°. Les graveurs;

5°. Les relieurs, et toutes les autres parties de l'art et du commerce de l'imprimerie et librairie.

54. Ces réglemens seront proposés et arrêtés en conseil-d'état, sur le rapport du ministre de l'intérieur.

55. Nos ministres sont chargés, chacun en ce qui le concerne, de l'exécution du présent décret, qui sera inséré au bulletin des lois.

Le projet ci-dessus est soumis à la discussion.

M. le Comte Regnaud dit que tous les projets qui ont été successivement présentés, n'ont point encore éclairci la matière. Aucun n'a pu concilier toutes les opinions, et les difficultés restent les mêmes. Le projet dont il vient d'être donné lecture, propose de mettre la librairie et l'imprimerie dans les attributions du ministre de l'intérieur. Cette opinion paraît fondée, parce que le ministre de la police générale ne doit surveiller ces deux professions, que dans ce qui a rapport à la tranquillité publique, à la propagation des idées contraires aux vuès du gouvernement. Considérées dans leurs rapports commerciaux, ces deux professions sont mieux surveillées et dirigées par le ministère de l'intérieur; ce n'est point affaiblir l'action de la police, car elle s'étend sur tous les états, et elle s'exercera sur les imprimeurs, à quelque ministère que soit attaché le directeur-général. La contrefaçon des livres peut, comme la contrefaçon des marques, des estampilles, être confiée à un agent qui procède sous la direction du ministre de l'intérieur. Au surplus, cette question n'est pas d'un grand intérêt; c'est dans l'exercice de la censure; son étendue, le pouvoir des censeurs, la garantie à accorder aux imprimeurs dont on arrête les ouvrages après l'impression, que se trouvent les difficultés sérieuses. M. Regnaud propose de se borner, dans ce moment, à établir un directeur-général de la librairie. Ce fonctionnaire, après s'être occupé exclusivement, pendant plusieurs mois, de la matière sur laquelle on délibère, sera plus en état que tous les auteurs de projets, de présenter un système complet, adapté à nos mœurs, et conforme à l'intérêt du Gouvernement.

M. le comte Defermon craint que, si le directeur-général de la librairie n'est pas attaché au ministère de la police-générale, il ne soit souvent entravé dans sa marche par les agens de la police. On convient que le directeur de la librairie a besoin du secours de ses agens : il l'obtiendra plus facilement lorsqu'il pourra lui donner des ordres au nom du ministre.

N*** dit qu'autrefois la librairie était dans les attributions du chancelier, qu'il faut examiner s'il ne conviendrait pas de la placer dans celles du grand-juge, puisqu'il y a des circonstances où les tribunaux doivent prononcer sur des questions de propriété littéraire, ou connaître du délit de contrefaçon.

La section est chargée de revoir le projet.

SÉANCE

Du 4 janvier 1810, tenue au Palais des Tuileries.

M. LE COMTE REGNAUD, d'après le renvoi fait à la section de l'intérieur dans la séance du vingt-huit décembre, présente une nouvelle rédaction du projet sur l'imprimerie et la librairie, et fait lecture d'observations et d'un rapport qui l'accompagnent.

Ces observations, rapport et projet, sont ainsi conçus :

« Pour faciliter la délibération à prendre sur les divers projets, quelques observations paraissent nécessaires.

» Peut-être a-t-on trop perdu de vue au conseil, et probablement les auteurs des projets rédigés hors de son sein ont ignoré d'où l'on est parti.

» Pour le rappeler ou le faire connaître, il a paru utile de faire réimprimer, 1°. l'Analyse de la Législation ancienne et actuelle sur l'imprimerie et la librairie, distribuée au conseil, il y a dix-huit mois; 2°. les questions posées par la section de l'intérieur, avec les décisions en marge, telles que le rapporteur les a recueillies.

» On pourrait ensuite comparer le projet présenté en 1808 par le ministre de la police, avec celui qu'il a présenté cette année, et faire remarquer, 1°. que ces deux projets sont en contradiction sur plusieurs points; 2°. que le dernier condamne, sans les avoir discutées, des opinions émises, des décisions prises au conseil, sans que rien annonce dans le rédacteur la connaissance de la marche qu'a suivie la discussion, et dont la simple lecture des rédactions successives l'aurait instruit.

» On pourrait ensuite analyser et discuter les deux derniers projets distribués au conseil sans nom d'auteur.

» Mais d'abord, ils paraissent ne présenter qu'une seule idée nouvelle, la formule de déclaration portant garantie pour le propriétaire d'un ouvrage : secondement, le défaut d'ordre et de classement dans les idées, rendrait la discussion fort étendue, et l'utilité du travail n'en compenserait pas la longueur.

» Il a paru qu'il valait mieux essayer de se rapprocher des dernières vues développées par le chef du gouvernement.

» Pour cela, dans le projet nouveau, on a, 1°., établi la direction générale de la librairie, de manière qu'on pourrait adopter le premier titre seul, et comme on l'a proposé au chef du gouvernement, s'en tenir là, en chargeant le nouveau directeur-général d'examiner tous les projets, de les comparer, et de présenter lui-même un projet nouveau.

» 2°. On a organisé l'imprimerie et la librairie dans leurs premières bases, en assurant l'épuration et préparant le retour aux principes sociaux, à l'observation des lois pour tous ceux qui exerceront ces professions.

» 3°. On a posé les régles que nul ne doit enfreindre en usant de l'imprimerie.

» 4°. On a établi les moyens de garantie en faveur de l'administration pour l'observation de ces régles.

» 5°. On a cherché à donner aussi une garantie aux auteurs et imprimeurs.

» 6°. Enfin, on a essayé de régler l'intervention de la police générale, dans les cas que la nouvelle organisation rendrait fort rares, où elle aurait besoin d'intervenir.

» 7°. Le reste est pris de l'ancien projet, et offre peu de points sur lesquels il y ait dissentiment.

» La difficulté de la matière, la variété des opinions, la multiplicité et la diversité des intérêts à concilier, soit qu'on envisage les besoins de la société, les droits des particuliers, et jusqu'aux prétentions des administrateurs, font espérer pour le dernier projet l'indulgence qu'on a eue pour ceux qui l'ont précédé.

» La librairie et l'imprimerie ont, dans tous les temps, excité puissamment la sollicitude du gouvernement. Aucune profession n'a été l'objet de plus de réglemens ; il n'en est aussi aucune pour laquelle nos rois et leurs officiers aient marqué plus de considération.

» Les motifs de cette considération sont souvent énoncés dans les préambules des édits, déclarations et arrêts anciens concernant l'imprimerie et la librairie. C'est, est-il dit dans plusieurs de ces actes, que ceux qui exercent cette profession contribuent beaucoup à faire fleurir les sciences et les beaux-arts ; qu'il est juste de les récompenser des pertes qu'ils font souvent, et auxquelles ils sont plus exposés qu'aucun autre état ; et qu'enfin leurs lumières et leurs connaissances ne permettent pas de les assimiler à aucun art mécanique.

» Pour donner une idée de la législation sur cette matière, il paraît naturel d'en faire la distinction en trois époques :

» 1°. Législation de temps antérieur à 1723 ;

» 2°. Celle depuis 1723 jusqu'à la révolution ;

» 3°. Celle depuis la révolution.

§ Ier. *Législation antérieure à l'année* 1723.

» Il est inutile de parler ici du réglement concernant la librairie avant l'invention de l'imprimerie. Presque tous ces réglemens, dont les plus anciens qui nous restent datent de l'an 1200, contiennent à la vérité quelques dispositions de police ; mais ils avaient principalement pour but des priviléges ou renouvellemens de priviléges, des exemptions de droits en faveur de la librairie, presque toujours sollicitées par l'Université, dont les libraires faisaient partie, et étaient qualifiés de premiers suppôts.

» L'imprimerie a été mise en usage en France en 1470, puisqu'il existe quelques éditions portant cette date ; mais on ne trouve nulle part aucun réglement sur cette partie, qui soit antérieur à celui du mois de mai 1571. Il est intitulé : *Edit du Roi pour la réformation de l'Imprimerie.*

» Cet édit, contenant vingt-quatre articles, est principalement relatif à la police des ouvriers et des ateliers. Il établit quelques régles pour être reçu à la maîtrise.

» Il est bon de remarquer que l'article 23 prescrit l'élection de deux imprimeurs de Paris, qui, avec deux libraires, veilleront à ce qu'il ne s'imprime aucun libelle diffamatoire ou hérétique, à ce que toutes les impressions soient convenablement faites, et poursuivront devant le juge civil ou criminel, suivant l'exigence des cas, les fautes qui méritent répréhension. Telle est l'origine de la Chambre Syndicale.

» Un réglement de 1610, ne contenant que des dispositions répressives, ordonne l'élection, le 2 octobre de chaque année, d'un syndic, de quatre maîtres libraires nommés par les libraires, et de deux maîtres imprimeurs, lesquels sont chargés conjointement de tous les détails de police concernant la librairie et l'imprimerie. Ils seront assistés d'un commissaire. Telle est l'origine des inspecteurs de la librairie.

» Les 2 et 4 octobre 1643, intervinrent un arrêt du conseil, et des lettres-patentes qui, attendu la division survenue en l'élection des syndics des libraires et imprimeurs, commettent Blaise, libraire, Cramoisy et Vitré, imprimeurs, pour exercer les fonctions de syndics jusqu'à l'élection de l'année suivante, et renouvellent toutes les injonctions énoncées dans les lois antérieures.

» Les premiers actes qui puissent être regardés comme de véritables statuts de la librairie, sont l'édit de 1686, ouvrage de Colbert, et la déclaration du 23 octobre 1713, donnée en interprétation dudit édit. Les dispositions de ces lois ont souffert des modifications dans plusieurs occasions.

» Il est inutile d'entrer dans aucun détail sur les dispositions de ces deux actes, attendu qu'elles ont été rapportées presqu'en entier dans le réglement de 1723, dont il va être parlé.

§ 2. *Législation depuis 1723, jusqu'à la révolution.*

» Le réglement du 28 février 1723, qui a été rédigé par l'illustre d'Aguesseau, renferme, en quelque sorte, l'esprit des ordonnances, des réglemens et des jugemens rendus sur cette matière, pendant plus de trois siècles.

» C'est aux sages dispositions de ce réglement, autant qu'aux soins éclairés des magistrats qui se sont occupés de cette partie de l'administration, qu'est due la restauration, on pourrait même dire, la création de la librairie en France. C'est sous les auspices de ce réglement qu'elle prit un nouvel essor, une nouvelle forme, une nouvelle vigueur. Ses travaux se multiplièrent, son commerce s'agrandit ; de sorte qu'on vit éclore et se consommer les entreprises les plus considérables, les plus utiles, et les plus honorables pour la nation.

» Une analyse de ce réglement n'en donnerait

qu'une faible idée; il faut le lire en entier. Nous en avons entre les mains un exemplaire qui contient les annotations de tous les actes antérieurs ou postérieurs qui s'y rapportent. Il suffit d'y jeter les yeux pour se convaincre qu'elles sont le fruit d'un travail long et pénible, et il serait peut-être avantageux de le livrer à l'impression.

» Un arrêt du conseil, du 10 avril 1725, contient un réglement de quatre articles, tendant à porter l'art de l'imprimerie à une plus grande perfection, en obligeant à ne servir que de beaux caractères, et de bon papier.

» Le 24 mars 1744, arrêt du conseil, qui, attendu que l'expérience a prouvé que le réglement de 1723 renferme toutes les précautions nécessaires pour porter l'art de l'imprimerie à sa plus grande perfection, et pour prévenir les abus, et maintenir les règles de la police, ordonne qu'il sera rendu commun à toutes les villes et provinces du royaume.

» Le 2 mai, 1744, arrêt qui commet Mr. Feydeau de Marville, lieutenant de police, pour connaître de l'exécution des réglemens sur la librairie, et lui attribue, à cet effet, toute cour et juridiction, sauf le recours au conseil d'Etat. Il est bon de remarquer que, quoique les fonctions du directeur-général de la librairie aient été confiées à plusieurs lieutenans de police, elles n'ont jamais été regardées comme inhérentes à la place : c'était une cumulation de fonctions.

» Enfin, le 30 août 1777, interviennent six arrêts du conseil, tous relatifs à l'imprimerie et à la librairie.

» Le premier porte suppression et création de différentes chambres syndicales, dans le royaume.

» Le deuxième contient réglement de discipline pour les compagnons-imprimeurs.

» Le troisième ajoute quelques formalités à celles déjà prescrites pour la réception des imprimeurs et libraires.

» Le quatrième porte établissement de deux ventes publiques de librairie, chaque année, de chacune quinze jours, à la chambre syndicale, pour la vente des fonds et priviléges ou portion d'iceux.

» Le cinquième tend à réprimer la multiplicité des contrefaçons. Amende de 6,000 francs pour l'avenir, et pour le passé amnistie, à charge de l'apposition d'une estampille sur chacun des exemplaires contrefaits.

» Le sixième, portant réglement sur la durée des priviléges, maintient à perpétuité les droits des auteurs qui n'auront pas cédé leur propriété ou privilége, et restreint la durée de ceux des libraires à la vie de l'auteur. Il établit, pour l'obtention de chaque privilége, un droit dont le tarif sera arrêté par le garde des Sceaux.

» L'exécution en est nominativement confiée à M. Camus de Néville, alors maître des requêtes.

» Cette nouvelle législation donna lieu à de nombreuses et vives réclamations ; il s'éleva une discussion polémique qui dura longtemps.

» Quelques dispositions additionnelles furent publiées dans un nouvel arrêt du conseil, du 30 juillet 1778.

» Ainsi, plusieurs dispositions de l'édit de 1786, et du réglement de 1723, modifiées par les sept arrêts du conseil dont nous venons de parler, formaient, en 1789, la législation de l'imprimerie et de la librairie.

§ 3. *Législation depuis la révolution.*

» La révolution ayant anéanti toutes les maîtrises et corporations, la communauté et la chambre sydicale de la librairie disparurent comme les autres institutions anciennes. Chacun fit ce qu'il voulut; et la moralité, les connaissances n'étant plus exigées pour exercer la librairie, on vit, sous la seule condition de prendre une patente, la plus épouvantable anarchie succéder au bon ordre. Cette profession fut envahie par l'ignorance et la plus avide cupidité; et sous le prétexte de la liberté de la presse, et de l'abolition des priviléges, on ne respecta plus les propriétés littéraires.

» La Convention trouva le mal si grand, qu'elle crut indispensable d'y apporter remède; et le 19 juillet 1793, elle rendit un décret tendant à maintenir les droits de propriété des auteurs d'écrits en tout genre, des compositeurs de musique, des peintres et des dessinateurs; mais elle laissa libres, comme auparavant, les professions d'imprimeur et libraire.

» Le décret du 1er. germinal en 13, concernant les droits des propriétaires d'ouvrages posthumes, contient une disposition dont la justice est évidente, et qui devra trouver sa place dans un nouveau code de la librairie.

» Il en est de même de celui du 7 du même mois, concernant l'impression des livres d'église, des heures et des prières.

» Tel est l'état actuel de la législation.

» Il est nuisible, à-la-fois, à l'intérêt des individus qui se livrent à l'art de l'imprimerie, et aux professions qui s'y rapportent, à l'ordre public, à la propagation des lumières, aux droits des auteurs, à l'ordre de l'administration, à la sûreté de l'Etat.

TITRE Ier.

De la Direction de l'Imprimerie et de la Librairie.

Art. 1. Il y aura une direction générale de l'imprimerie et de la librairie.

Elle sera confiée à un conseiller-d'état.

2. Il y aura près de lui six auditeurs.

3. Il sera chargé, sous les ordres de notre ministre de . . . . , de tout ce qui est relatif à la profession et au commerce de l'imprimerie et de la librairie.

4. (*) Il correspondra avec notre ministre de la police générale toutes les fois que les cas l'exigeront, et fera exécuter les ordres qu'il en recevra pour la garantie de la sûreté et de la tranquillité de l'Etat, notamment dans les cas prévus aux articles 25 et 26.

5. Il rédigera et remettra sans délai à notre ministre de . . . . , pour nous être présentés et délibérés en notre conseil-d'état, tous les projets de décrets nécessaires pour l'exécution des dispositions des articles du présent décret.

(*) Cet article est nécessaire si la Direction générale n'est pas dans les attributions de ce ministre ; dans le cas contraire, on le supprimera.

TITRE II.

De la Profession d'Imprimeur-Libraire.

SECTION Ire.

Des Imprimeurs.

6. A compter du premier juillet mil-huit cent dix, nul ne pourra exercer la profession d'imprimeur dans toute l'étendue de l'empire, s'il ne remplit les conditions ci-après exprimées :

1°. D'avoir, à Paris, au moins quatre presses, et dans les départemens deux presses montées, avec les caractères et ustensiles nécessaires pour qu'elles soient en activité ;

2°. De faire, à Paris, devant le préfet de police, dans les départemens, devant le préfet, et dans les trois mois de la publication du présent décret, la déclaration de son intention de continuer sa profession ;

3°. De rapporter une information de bonnes vie et mœurs, laquelle sera faite pardevant le président du tribunal civil de son domicile, et où six témoins, au moins, douze au plus, désignés et assignés par nos procureurs-impériaux, seront entendus;

4. D'obtenir, après la justification des formalités précédentes, un brevet de notre grand-juge ministre de la justice;

5°. De faire enregistrer ledit brevet au tribunal civil du lieu de son domicile, et d'y prêter serment de ne rien imprimer de contraire ou respect dû au souverain, à l'ordre public, ou à l'intérêt et à la politique de l'Etat.

7. Ceux qui n'exercent pas actuellement la profession d'imprimeur, et qui voudront y être admis, seront tenus,

en outre, de subir un examen de capacité, dont les règles seront établies par un décret ultérieur.

8. Le nombre des imprimeurs sera réduit, pour Paris, à soixante au plus, et pour les départemens, au nombre qui sera jugé convenable; le tout successivement, et selon les règles qui seront établies sur la proposition du directeur-général de la librairie, le rapport de notre ministre . . . . , et par un décret rendu en notre conseil-d'état.

9. Les imprimeurs pourront être mis en corporation, à Paris et dans les principales villes de l'empire, et, en ce cas, son organisation sera déterminée comme il est dit en l'article précédent, et d'après les convenances des lieux.

SECTION II.

Des libraires.

10. Les dispositions des paragraphes deux et trois de l'article six, et les articles sept et neuf du présent décret, sont déclarés communs aux libraires de l'empire.

11. Les libraires seront tenus, après avoir rempli les obligations prescrites aux paragraphes deux et trois de l'article six, d'obtenir une permission du préfet de police, à Paris, de nos préfets dans les autres départemens, et de la faire enregistrer au tribunal du lieu de leur résidence.

12. L'exercice de la profession de libraire pourra être cumulé avec celle d'imprimeur.

TITRE III.

De la Police de la Librairie.

SECTION Ire.

De la garantie de l'administration.

13. Il est défendu de rien imprimer ou faire imprimer qui puisse porter atteinte au respect dû au souverain, à l'ordre public ou à l'intérêt politique de l'État.

14. La surveillance relative à la prohibition portée par l'article précédent, est confiée spécialement au directeur général de la librairie.

15. A cet effet, chaque imprimeur sera tenu d'avoir un livre coté et paraphé par le préfet du département ; et à Paris, par le préfet de police, où il inscrira, par ordre de dates, le titre de chaque ouvrage qu'il voudra imprimer et le nom de l'auteur, sous peine de répondre en son lieu et place. Ce livre sera représenté à toute réquisition, et visé, s'il est jugé convenable, par tout officier de police.

16. L'imprimeur remettra ou adressera sur-le-champ, à Paris, au directeur-général de la librairie, et dans les départemens, au préfet, copie de la transcription faite sur son livre : il lui en sera donné récépissé.

17. Le directeur-général de la librairie ou le préfet pourra ordonner, si bon lui semble, la communication et l'examen de l'ouvrage.

18. L'examen sera fait par un censeur, désigné parmi les individus que nous nommerons, au nombre de . . . pour remplir cette fonction, d'après l'avis du directeur de la librairie et la présentation de notre ministre de . . . .

19. Sur le rapport du censeur, le directeur-général pourra indiquer à l'auteur les changemens ou suppressions; et sur son refus de les faire, suspendre l'impression et publication, ou défendre la vente de l'ouvrage.

20. En cas de réclamation de l'auteur, elle sera adressée à notre ministre de . . . . , qui ordonnera un nouvel examen.

21. Il y sera procédé par un nouveau censeur, qui rendra compte au directeur de la librairie, lequel, assisté du nombre de censeurs qu'il jugera à propos de s'adjoindre, décidera définitivement.

SECTION II.

De la garantie des auteurs ou imprimeurs.

22. Tout auteur ou imprimeur pourra, avant l'impression, soumettre à l'examen l'ouvrage qu'il veut imprimer. Il lui en sera donné récépissé, à Paris, au secrétariat du directeur-général de l'imprimerie, et, dans les départemens, au secrétariat de la préfecture.

23. Il en sera usé en ce cas, comme il est dit aux articles 17, 18, 19 et 20.

SECTION III.

Dispositions relatives à l'exécution des deux sections précédentes.

24. Lorsque l'imprimeur aura fait la déclaration prescrite à l'article 15, sans que l'on ait jugé à propos de lui demander communication du manuscrit, ou lorsque le manuscrit demandé à l'imprimeur et communiqué par lui aura été approuvé, ou enfin, lorsque le manuscrit aura été

communiqué préalablement par l'auteur ou l'imprimeur, et approuvé, il sera délivré par le directeur-général de la librairie, une déclaration dans les termes suivans :

« Je déclare que N. . . s'est conformé aux lois de la librairie pour l'édition de l'ouvrage intitulé. . . . . . ., en. . . . volumes; en conséquence, sa propriété lui est garantie aux termes des lois et réglemens.

» A Paris, le. . . . . »

25. Les ouvrages qui porteront en tête ou au premier volume la déclaration ci-dessus, seront les seuls dont les contrefacteurs puissent être poursuivis dans les tribunaux.

26. La vente et circulation de tout ouvrage qui ne portera pas cette déclaration, pourra être suspendue ou prohibée, en vertu d'une simple décision de notre ministre de la police générale.

27. La vente et circulation de tout ouvrage qui portera ladite déclaration, ne pourra être prohibée par notre ministre de la police générale qu'après avoir pris nos ordres.

28. En ce cas, le propriétaire de l'édition sera indemnisé des dépenses qu'il aura faites.

29. Cette indemnité sera prise, ainsi que toutes les dépenses de la direction générale de la librairie, sur le produit du droit d'entrée qui sera établi ci-après sur les livres venant de l'étranger; et il en sera tenu à cet effet un compte séparé au trésor public, comme fonds spécial.

SECTION IV.

Des livres imprimés à l'étranger.

30. Aucun livre, en langue française ou latine, imprimé à l'étranger, ne pourra entrer en France sans payer

un droit, pour lequel il sera fait un tarif particulier par le directeur général de la librairie, lequel ne pourra être au-dessous de cinquante pour cent de la valeur de l'ouvrage.

31. Aucun livre en langue française ou étrangère, imprimé ou réimprimé hors de la France, ne pourra être introduit en France sans une permission du directeur général de la librairie, annonçant le bureau de douane par lequel il entrera.

32. En conséquence, tout ballot de livres venant de l'étranger, sera mis par les préposés des douanes, sous corde et sous plomb, et envoyé à la préfecture la plus voisine.

33. Si les livres sont reconnus conformes à la permission, chaque exemplaire, ou le premier volume de chaque exemplaire, sera marqué d'une estampille au lieu du dépôt provisoire, et ils seront remis au propriétaire.

TITRE IV.

De la Propriété et de sa Garantie.

34. Le droit de propriété est garanti à l'auteur et à sa veuve pendant leur vie, et à leurs enfans pendant vingt ans.

35. Les auteurs, soit nationaux, soit étrangers, peuvent céder leur droit à un imprimeur ou libraire, ou à toute personne qui est alors substituée en leur lieu et place, pour eux et leur ayant-cause, comme il est dit à l'article précédent.

TITRE V.

SECTION Ire.

Des délits en matière de librairie, et du mode de les punir.

36. Il y aura lieu à confiscation et amende au profit de l'Etat, dans les cas suivans :

1°. Si l'ouvrage est sans nom d'auteur ou d'imprimeur ;

2°. Si l'auteur ou l'imprimeur n'a pas fait, avant l'impression de l'ouvrage, la déclaration prescrite par l'article 15 ;

3°. Si, l'ouvrage ayant été examiné, l'auteur ou l'imprimeur se permet de le publier malgré la suspension ou défense prononcée par le directeur-général ;

4°. Si l'ouvrage est publié malgré la défense du ministre de la police générale, quand il n'est pas revêtu de la déclaration dont il est parlé article 24 ;

5°. Si, étant imprimé à l'étranger, il est présenté à l'entrée sans permission, ou circule sans être estampillé ;

6°. Si c'est une contrefaçon, c'est-à-dire, si c'est un ouvrage imprimé sans le consentement et au préjudice de l'auteur ou éditeur, ou de leur ayant-cause, malgré la garantie donnée par le directeur-général.

37. Dans ce dernier cas, il y aura lieu, en outre, à des dommages-intérêts envers l'auteur ou éditeur, ou leur ayant-cause ; et l'édition ou les exemplaires contrefaits seront confisqués à leur profit.

38. Les peines seront prononcées et les dommages-intérêts seront arbitrés par le tribunal correctionnel ou criminel, selon les cas et d'après les lois.

39. Les produits des confiscations et des amendes sera appliqué comme il est dit ci-dessus, article 28.

SECTION II.

Du mode de constater les délits et contraventions.

40. Les délits et contraventions seront constatés par les inspecteurs de la librairie, les officiers de police, les préposés aux douanes pour les livres venant de l'étranger. Chacun dresse procès-verbal de la nature du délit et contravention, des circonstances et dépendances, et les remet au préfet de son arrondissement, pour être adressés au directeur-général.

41. Les objets saisis sont déposés provisoirement au secrétariat de la mairie, ou commissariat-général de la sous-préfecture ou de la préfecture la plus voisine du lieu où le délit et la contravention sont constatés, sauf l'envoi ulterieur à qui de droit.

42. Les procureurs généraux ou impériaux seront tenus de poursuivre d'office, dans tous les cas prévus à la section précédente, sur la simple remise des procès-verbaux dûment affirmés.

TITRE VI.

Dispositions diverses.

43. Chaque imprimeur sera tenu de déposer à la préfecture de son département, et à Paris, à la préfecture de police, quatre exemplaires de chaque ouvrage, savoir :

Un pour la bibliothèque impériale, un pour le ministre de l'intérieur, un pour le ministre de la police, un pour le directeur-général de la librairie.

44. Il sera statué par des réglemens particuliers sur ce qui concerne,

1°. Les imprimeurs et libraires, leur réception et leur police ;

2°. Les libraires étaleurs ;

3°. Les fondeurs de caractères ;

4°. Les graveurs ;

5°. Les relieurs, et toutes les autres parties de l'art ou du commerce de l'imprimerie et librairie.

45. Ces réglemens seront proposés et arrêtés en conseil-d'état, sur la proposition du directeur-général de la librairie, sur le rapport de notre ministre de. . . . . .

46. Nos ministres sont chargés, chacun en ce qui le concerne, de l'exécution du présent décret, qui sera inséré au bulletin des lois.

Le projet ci-dessus est soumis à la discussion.

Les articles 1, 2, 3, 4 et 5 sont adoptés sans observation.

L'article 6 est discuté.

M. le comte Regnaud dit que le nombre des imprimeurs de Paris, n'étant que de cent trente-six, la réduction en sera plus facile.

A l'égard de l'information, elle n'est que pour les imprimeurs actuels. Il est bon d'avoir ce moyen d'écarter les mauvais sujets.

M. le comte Treilhard, pense qu'on pourrait réduire le nombre des témoins à moitié.

M. le comte Regnaud répond que la section, en multipliant les témoins, a voulu éviter l'abus des anciennes enquêtes qui étaient purement de forme.

N*** relève une omission dans le projet : Si la profession d'imprimeur n'est pas libre, par qui les imprimeurs seront-ils nommés? Entend-on donner au grand-juge le pouvoir de conférer cette qualité à qui lui plaira?

M. le comte Regnaud dit qu'un réglement postérieur, annoncé par l'art. 5, fixera le nombre des imprimeurs.

N*** dit qu'il faut déclarer que tous les imprimeurs actuels, qui, à Paris, ont quatre presses, et deux dans les départemens, sont conservés.

Le n°. 3 de l'art. 6, est mal rédigé. Il est ridicule de paraître exiger directement des preuves de *bonnes vie et mœurs*. On doit faire sentir qu'on ne les exige que comme une garantie pour le gouvernement.

Dans le n°. 5, ces mots, *au respect dû au Souverain*, présentent une idée incomplète. Il serait mieux de dire, *à ses devoirs envers le Souverain*. On peut rayer aussi les mots, *et à la politique de l'Etat.* La politique de l'Etat n'est pas connue des particuliers.

Dans l'art. 8, le mot *successivement* est de trop : il suppose qu'on ne réduira qu'à mesure des vacances par mort. Il suffit de fixer l'époque à partir de laquelle la réduction s'opérera.

M. le comte Defermon dit que la réduction présentera toujours beaucoup de difficultés, parce qu'on ne conçoit pas comment on pourrait refuser à un fils de succéder à l'état de son pére.

L'article 9 est soumis à la discussion.

N*** demande quel avantage la section trouve à corporiser les imprimeurs.

M. le comte Regnaud répond que cette mesure est nécessaire pour opérer la réduction.

Les articles 10, 11 et 12, sont soumis à la discussion.

M. le comte de Ségur dit qu'il ne voit pas de raison pour étendre aux libraires le régime des imprimeurs. Ces derniers seuls ont besoin d'être surveillés ; les autres ne sont que des marchands.

M. le comte de Cessac observe que les libraires peuvent se permettre de vendre des livres défendus.

M. le comte DE SÉGUR répond que la police a des moyens pour les en empêcher.

M. le comte DE CESSAC réplique qu'aucune loi n'inflige des peines pour ce fait.

M. le comte REGNAUD dit que le système est très-simple. Le trop grand nombre de libraires n'est pas un bien, et il serait dangereux d'accorder à tout le monde la liberté d'exercer cette profession. En conséquence, la section propose de ne la permettre qu'à ceux qui auront obtenu une autorisation spéciale, et qui justifieront de leur capacité. Cette dernière condition a déjà été adoptée par le conseil.

N*** dit qu'on reviendra sur les questions secondaires, et ordonne de passer au titre 3.

L'article 13 est adopté avec les amendemens admis sur le n°. 5 de l'art. 6.

L'article 14 est adopté sans observation.

L'article 15 est discuté.

M. le comte DEFERMON observe que la rédaction semble supposer que l'imprimeur cesse d'être responsable, aussitôt qu'il a nommé l'auteur.

M. le comte REGNAUD répond que d'autres articles infligent des peines à l'imprimeur.

N*** dit que la responsabilité de l'imprimeur ne pourrait cesser que dans le cas où l'on admettrait le principe de la liberté indéfinie de la presse : mais, puisque la section propose des peines, tant contre celui qui compose l'ouvrage, que contre celui qui l'imprime, il n'est pas possible de dégager ce dernier de la responsabilité, bien qu'il nomme l'auteur.

M. le comte BERLIER dit qu'il est même nécessaire de mettre le décret en harmonie avec le Code pénal, qui suppose l'imprimeur complice.

M. le comte REGNAUD dit qu'aussi la section renvoie au Code pénal.

Au reste, pour rentrer dans l'idée du chef du gouvernement, il suffit d'effacer ces mots : *sous peine d'en répondre en son lieu et place.*

N*** dit que, comme ici la responsabilité du fait dépend de l'intention, l'imprimeur pourrait proposer pour excuse, qu'il n'était pas assez instruit pour discerner les dangers de l'ouvrage, et qu'il a été abusé par la confiance qu'il avait dans l'auteur.

Mais il est un autre moyen de l'atteindre :

si son ignorance empêche de le déclarer coupable envers l'Etat, elle le rend du moins indigne d'exercer sa profession, puisqu'il est contrevenu à la défense portée par l'art. 13; et, dès-lors, en supposant que les dispositions du Code ne lui soient pas applicables, on peut l'interdire par forme de discipline. Cependant, il faudrait n'en venir là, qu'à la seconde récidive. Le directeur-général se pourvoirait auprès du ministre, qui ferait un rapport au chef du gouvernement, pour demander que le brevet d'imprimeur lui soit retiré.

Les articles 16, 17 et 18, sont adoptés sans observations.

L'article 19 est soumis à la discussion.

N*** dit qu'il faut donner au directeur le droit de faire briser la planche et saisir les exemplaires imprimés, si l'auteur se refuse aux changemens qu'on lui demande.

Il y a ici plusieurs cas :

D'abord, le directeur-général et le préfet, peuvent exiger que l'ouvrage soit examiné, et que, dans l'intervalle, l'impression soit suspendue. Cet ordre établit déjà l'état de suspicion. Si l'auteur consent à mettre les cartons qu'on lui indique, la publication du livre est permise; s'il s'y refuse, le livre est supprimé.

Mais voici un autre cas qu'on n'a point prévu dans le projet : Le gouvernement ne connaît le danger d'un ouvrage qu'après qu'il est publie ; on n'y a pas donné d'attention auparavant, parce qu'on a été trompé par le titre. Cependant, il est nécessaire qu'on puisse le saisir chez les libraires. Ceux-ci auront-ils le droit de répéter une indemnité contre l'imprimeur?

M. le comte Regnaud dit que cette difficulté se trouve résolue dans la section 3.

Il y a trois cas ;

Celui où le manuscrit n'a pas été présenté spontanément à l'examen ;

Celui où la communication du manuscrit est demandée par le directeur de l'imprimerie, ou par le préfet ;

Celui, enfin, où le livre a reçu l'approbation dont il est parlé dans l'article 24.

Dans les deux premiers, l'auteur et l'imprimeur ne s'étant point ménagé de garantie, l'article 26 autorise à saisir l'ouvrage sans indemnité.

Mais si l'approbation a été obtenue, le livre ne peut plus être saisi que par ordre du chef du gouvernement, et le propriétaire doit être indemnisé.

N*** dit que ces distinctions sont illusoires : tous les ouvrages sont soumis à la déclaration prescrite par l'article 15, et tous ceux, à l'égard desquels cette formalité a été remplie, sont revêtus de l'approbation établie par l'article 24.

M. le comte Regnaud dit que, lorsque le directeur ou le sous-préfet ne demandent point la communication du manuscrit, il y a une présomption en faveur de l'ouvrage.

N*** dit que la déclaration établie par l'article 24, étant exigée pour tous les ouvrages, on rentre évidemment dans le système de la censure absolue, et par là, on tombe dans l'inconvénient de paraître approuver une foule d'écrits, qu'on peut sans doute tolérer, mais qui ne méritent pas une approbation formelle.

Ensuite, il est fort extraordinaire d'annoncer, comme on le fait par les articles 27 et 28, une indemnité pour prix de la condescendance forcée des auteurs et des imprimeurs, à l'article qui leur ordonne de faire la déclaration. Il faut réduire ces dispositions au cas où le manuscrit a été communiqué et approuvé.

M. le comte Regnaud dit que l'embarras vient de ce qu'on voudrait que tous les ouvrages fussent vus, sans néanmoins établir la censure absolue.

Cependant, pour se conformer aux intentions du chef du gouvernement, on peut supprimer le commencement de l'article 24, et l'art. 25 tout entier.

N***, revenant à la section 2, dit que, pour remplir la lacune qu'il y remarque, il faut dire que tout ouvrage non censuré pourra être arrêté par la police.

Mais alors l'imprimeur devra-t-il indemniser les libraires?

M. le comte Regnaud ne croit pas qu'il leur soit dû d'indemnité parce qu'ils savaient que le livre était publié sans garantie.

N*** desire, qu'avant tout, on explique bien que l'approbation établie par l'article 24 n'est que pour les ouvrages censurés.

On ajoutera que le censeur donnera un avis motivé et par écrit; que le directeur-général fera parapher toutes les pages du manuscrit; que si les exemplaires imprimés y sont conformes, et que, néanmoins, l'ouvrage soit ensuite supprimé, l'Etat se charge d'indemniser les propriétaires.

Il y a encore un autre moyen; on pourrait

donner à la police le droit de supprimer, de sa seule autorité, les ouvrages non approuvés, et décider que les ouvrages approuvés ne seront supprimés que d'après un jugement qui ne serait pas rendu par la direction de l'imprimerie, puisqu'elle a déjà prononcé une première fois, mais par un autre tribunal, et en connaissance de cause.

M. le comte REGNAUD pense qu'on pourrait renvoyer l'affaire à la commission du contentieux du conseil d'Etat.

N*** dit qu'il y a aussi la commission du sénat. Le ministre suspendrait la publication; l'imprimeur se pouvoirait au sénat, et, si la réclamation était admise, on l'indemniserait dans le cas où la police persisterait à croire la suppression de l'ouvrage nécessaire.

M. le comte DE SÉGUR est d'avis de distinguer si un ouvrage essentiellement dangereux a été approuvé par l'impéritie du censeur, il n'y a pas lieu à indemnité : mais si l'ouvrage n'est devenu dangereux que par l'effet des circonstances, il paraît juste d'indemniser les propriétaires.

M. le comte TREILHARD observe que le tribunal quelconque, qu'on appellerait à prononcer, aurait une autorité supérieure à celle des ministres.

Au reste, sous l'ancien régime, les auteurs et les imprimeurs n'avaient point de garantie.

M. le comte Regnaud dit qu'on était alors dans un systême bien différent : le gouvernement ne supprimait jamais le livre qu'un censeur avait approuvé. Quand ensuite il y avait suppression, c'était par arrêt du parlement.

M. le comte Treilhard répond qu'on a vu aussi supprimer des ouvrages par arrêt du conseil.

N*** dit qu'il est indispensable de garantir les auteurs et les imprimeurs de l'arbitraire de la police.

M. le comte Regnaud dit qu'il reste à décider sous quel ministre on placera la direction de l'imprimerie.

N*** dit que ce doit être sous le ministre de l'intérieur. Réunir la surveillance et l'action dans la même main, serait un très-mauvais systême. La police a son action à part.

Le projet est renvoyé à la section pour présenter une rédaction nouvelle, conforme aux observations faites dans le cours de la discussion.

SÉANCE

Du 13 janvier 1810, tenue au Palais des Tuileries.

M. LE COMTE REGNAUD, avant de présenter la nouvelle rédaction du projet sur l'organisation de l'imprimerie et de la librairie, ordonnée dans la séance du 4 janvier, fait lecture des réflexions proposées par le ministre de la police, et dont la teneur suit :

» Deux inconnus ont pris une part indirecte à cette discussion. L'un a publié un nouveau projet relatif à l'organisation de l'imprimerie et de la librairie ; et l'autre, des observations et projet de décret sur l'imprimerie et la librairie. Le premier de ces écrits se distingue par de la méthode et un bon esprit ; le second, extrêmement obscur et diffus, ne laisse entrevoir qu'une fiscalité destructive de tout commerce, et des germes de monopole encore plus dangereux.

» § Ier. Je ne vois pas sans peine la brusque interdiction de tout imprimeur qui n'aura pas dans Paris quatre presses montées. Voilà au moins trois cents familles privées de toute ressource, non seulement par la suppression de leur métier, mais par l'anéantissement de leur capital; car qui achetera leurs presses désormais inutiles ? Il me semble qu'il serait sage d'attendre, pour une mesure si violente, que la paix générale eût rouvert toutes les carrières de l'industrie. On dit qu'il est plus aisé de surveiller cent imprimeurs que quatre cents. C'est là un calcul sans application; car la surveillance sera bien plus dure et plus difficile sur les trois cents destitués, que la misère et le désespoir ne porteront que trop à remplacer par des voies frauduleuses, et par des imprimeries clandestines, les moyens honnêtes de subsistances dont on les aura privés. Il ne serait donc pas impossible que cette suppression parût intempestive et peu politique. La base en est d'ailleurs certainement trop rigoureuse. Deux presses roulantes, dont le bénéfice annuel ne peut être évalué à moins de quatre mille francs, doivent suffire à l'existence d'une famille.

»§ 2. Il n'y a pas, sans doute, un grand inconvénient à donner aux hommes une opinion exagérée de leur importance; mais ne va-t-on pas trop loin, en érigeant les imprimeurs en officiers publics, qui recevraient des provisions du grand-juge, et prêteraient serment en justice?

Je conçois que ce ne sera d'abord qu'une formalité dispendieuse ; mais je m'abuse fort, ou les prétendus officiers publics en feront sortir dans la suite le monopole. Je n'augure pas mieux de l'article 9 du nouveau projet, où l'on pose les bases des corporations futures d'imprimeurs et de libraires. A quoi des institutions de ce genre peuvent-elles être bonnes ? Les imprimeurs et libraires n'ont besoin entr'eux que de rapports commerciaux, et rien ne les empêche. Leurs corporations ne seront jamais autre chose qu'une coalition des intérêts privés contre l'intérêt public. Défions-nous surtout de celle qui se formerait à Paris. Les intriguans, qui ne manqueraient pas de la dominer, seraient toujours prêts à assiéger et à tromper l'autorité. C'est ainsi que l'ancien gouvernement fut entraîné à une législation abusive, qui a ruiné les imprimeries, autrefois si florissantes, de Rouen, Poitiers, Lyon, Toulouse, etc. Voyez déjà un essai de ces manœuvres dans les observations de l'anonyme dont je viens de parler. On y établit autour du directeur de la librairie un conseil de libraires, où les priviléges seraient distribués arbitrairement.

» § III. Le nouveau projet propose de remplacer les approbations formelles par la déclaration suivante du directeur de la librairie, qui serait imprimée en tête de chaque ouvrage :

« Je déclare que N....... s'est conformé » aux lois de la librairie, pour l'ouvrage inti- » tulé............ en.... volume...... *En* » *conséquence, sa propriété lui est garantie,* » *aux termes des lois et réglemens.* »

Il me semble que la première partie de cette déclaration était bien suffisante ; et que la seconde, qu'on lit en caractères italiques, n'est pas seulement superflue, mais essentiellement vicieuse. N'en résulte t-il pas évidemment que l'observation des lois de la librairie n'a pour objet que la garantie de la propriété ? Ainsi, les auteurs de brochures et de pamphlets, tous ceux qui ne redoutent point la contrefaçon, diront avec raison que les réglemens ne les atteignent pas, et que la seule peine qu'ils aient encourue, et à laquelle ils se sont d'ailleurs soumis volontairement, c'est de ne pouvoir poursuivre les contrefacteurs. Les tribunaux ne pourraient les condamner, suivant la maxime de droit, *inclusio unius*, *exclusio ulterius*. Je pense donc qu'il faut s'en tenir à la partie de la déclaration, conçue en termes généraux. Il serait trop singulier qu'une formule, employée par un magistrat, et imprimée par tout, fût un piége ou un contresens.

» § 4. Lorsqu'une loi nécessaire met un frein à la licence de la presse, il est juste de garantir en même temps sa liberté légitime. On comble sur ce point les espérances des gens de lettres, en stipulant qu'après l'épreuve légale, un livre ne pourra être prohibé par le ministre de la police, que sur les ordres du chef du gouvernement. Mais cette protection souveraine est bornée à ce cas extraordinaire, et l'auteur reste sans recours contre la prévention d'un censeur, ou l'erreur d'un ministre, lorsqu'on lui refuse la permission de publier son ouvrage. La commission sénatoriale de la liberté de la presse lui serait-elle donc fermée, même pour transmettre ses réclamations? Peut-être a-t-on pensé que ce recours, étant autorisé par une loi organique de la constitution, n'avait pas besoin d'être rappelé dans un décret particulier?

» § 5. Dans les attributions de quel ministère sera la librairie? Les pièces dramatiques qui émeuvent les hommes réunis, les journaux qui les atteignent rapidement, les livres qui les persuadent dans le silence, sont inséparables, et agissent sur les esprits par des moyens analogues. L'imprimerie a succédé, chez les peuples modernes, au pouvoir qu'avaient, parmi les anciens, l'éloquence et la force corporelle. L'ordre public dépend également du bien ou du mal que peut faire l'imprimerie, soit par les principes qu'elle fonde, soit par les passions qu'elle éveille, soit par les mouvemens qu'elle développe. S'il est un pays au monde, où la direction des esprits doive occuper un ministère particulier, c'est surtout dans la France, habitée par un peuple vif, spirituel et inflammable.

» Le rapporteur du conseil d'état ne prononce pas formellement l'attribution de la librairie au ministère de la police; mais la force des choses l'y ramène dans tous les détails de son projet.

» D'abord il lui faut des agens, et il choisit ceux du ministère de la police. Il ne propose que d'une manière éventuelle l'établissement d'inspecteurs de la librairie; il sent trop bien que la création de deux cents ou trois cents inspecteurs qui suffiraient à peine à l'exécution de la loi dans l'étendue de la France, serait une dépense folle et une superfétation ridicule. Ainsi donc, en employant les bras, il récuserait la tête; et ces membres, déroutés de leur marche organique, iraient correspondre au hasard à un centre étranger.

» On convient ensuite, dans le nouveau projet, que le ministre de la police peut prohiber un livre même approuvé; et il le faut bien, car quels que fussent les réglemens de la librairie, rien n'empêcherait le ministre de la police d'arrêter un livre dangereux, comme rien ne l'empècherait de lancer un mandat d'arrêt contre un séditieux. On sent qu'il prévariquerait, s'il en agissait autrement. Or, comment concevoir qu'on donne à ce ministre le droit de réprimer, qui lui est commun avec les tribunaux, et qu'on lui conteste celui de prévenir, qui est l'attribut exclusif et essentiel de son ministère. Ce renversement d'idées aurait des conséquences frappantes : ce serait, en effet, un vain simulacre qu'un ministre de la police, à l'insu duquel on pourrait tout imprimer en France, et tout introduire de l'étranger. Mais, de son côté, ce serait un personnage bien ridicule qu'un directeur de la librairie, séparé du ministère de la police. Entre mille autres inconvéniens, supposons qu'on imprime en France ou qu'on demande à introduire de l'étranger un écrit dont l'apparition soit combinée avec un complot contre le gouvernement. Le directeur de la librairie, à qui ces rapports secrets ne peuvent être connus, verra certainement une œuvre indifférente dans ce qui eût été, pour le ministre de la police, un indice lumineux.

» Dans cette suspension de la librairie entre deux ministères, ce n'est pas celui qui en sera chargé qu'il faudra féliciter. Une telle direction est bien épineuse, et ne marche en général qu'au travers des amours-propres irritables et des esprits impatiens et difficiles. Mais pour de pareilles mesures, on ne doit consulter que l'intérêt public.

» § 6. Je finirai en appelant l'attention du conseil d'état sur quelques pages que M. Théophile Barrois, libraire, vient de publier relativement à la proposition d'un impôt de cinquante pour cent sur la librairie étrangère. On y verra, par des faits positifs, que le produit de ce droit sera extrêmement modique. C'est une raison de plus pour apporter beaucoup d'économie dans l'administration de la librairie, et pour en bannir tout luxe inutile. On ne peut dissimuler qu'à cet égard le nouveau projet dépasse les bornes du nécessaire. En général, on a trop en France le goût de refaire tout à neuf. Il semble, en vérité, qu'on ait toujours une terre vierge à défricher, et un peuple de sauvages à policer; tandis que, le plus souvent, comme dans l'affaire que nous traitons, il s'agit moins de créer de nouveaux ressorts, que de régler le mouvement de ceux qui existent.

» N*** dit que ces réflexions présentent plusieurs assertions inexactes, et quelques principes erronés.

» Il y a ici deux choses: la surveillance qui appartient essentiellement à la police sur les ouvrages imprimés comme sur tout le reste, et que personne ne lui dispute; l'administration de l'imprimerie, qui est assurément mieux placée dans les attributions du ministre de l'intérieur, que dans celles du ministre de la police. Le ministère de la police est un ministère d'exception, à la surveillance duquel rien ne doit être soustrait, mais qui, par cela même, ne doit rien diriger; car s'il s'endort, qui le surveillera lui-même ?

» D'un autre côté, avec les principes énoncés dans l'écrit qu'on vient de lire, le ministère de la police, au lieu d'être un ministère d'exception, deviendrait un ministère universel, s'il était vrai que son action dût s'étendre sur tout ce qu'embrasse sa surveillance. Ce ministre absorberait tous les autres, et un simple commissaire de police serait au-dessus du préfet. Chaque ministre est l'organe du chef du gouvernement, dans l'étendue de ses attributions. Voilà les véritables principes. Le ministre de la police aurait sur tout une puissance sans bornes, s'il disposait exclusivement de l'imprimerie, s'il lui était permis de former l'opinion.

» On objecte que la police n'est pas moins destinée à prévenir le mal qu'à le réprimer; qu'il faut donc lui en donner les moyens; qu'elle n'en usera que d'une manière toute paternelle.

» Qu'elle prévienne le mal par voie de surveillance, elle le peut, elle le doit; mais le principe, qu'elle doit pouvoir aussi le prévenir par voie d'autorité, conduit directement à l'arbitraire. Il faudrait, en effet, lui accorder le droit d'entrer dans toutes les maisons, de fouiller dans l'intérieur de toutes les familles, d'arrêter tous ceux qu'elle jugerait à propos par la crainte qu'ils ne se rendent coupables. Cette sollicitude paternelle ne serait au fond qu'un affreux despostisme. Le souverain doit gouverner d'aprés des régles fixes, et non d'après ses caprices : il doit croire tous ses sujets gens de bien, tant qu'ils ne démentent pas cette présomption par leur conduite.

» Le ministére de la police n'est donc, de sa nature, qu'un ministére de pure surveillance; et c'était afin que la police ne passât jamais ces limites, qu'autrefois on l'avait confiée, non pas à un ministre, mais à des magistrats d'un ordre inférieur, qui étaient subordonnés aux ministres, aux parlemens, aux états. Il est impossible qu'aucune autorité soit tout ensemble surveillante et surveillée.

» Qui garantira les gens-de-lettres des vexations de la police, si leurs plaintes ne peuvent parvenir que par elle? Au contraire, si l'administration de l'imprimerie est dans les attributions du ministre de l'intérieur, et que la police arrête mal-à-propos un ouvrage, ce ministre viendra dire au chef du gouvernement que la prohibition n'est que le résultat d'une intrigue, qu'on n'a supprimé le livre que parce qu'il déplaisait à des hommes en crédit; que le censeur n'y avait rien trouvé de répréhensible.

» La police n'a déjà que trop d'attributions étrangères à son objet. Pourquoi lui donner l'éclairage, les approvisionnemens, la statistique et plusieurs autres choses, qui étant purement municipales, devraient appartenir au préfet d'administration? A la vérité, le bureau central les a eues; mais alors le régime municipal était fédératif.

» Enfin, où irait ce pouvoir exhorbitant du ministre de la police?

» Il serait en entier dans ses bureaux. A la vérité, cet inconvénient se rencontrera aussi plus ou moins dans le ministère de l'intérieur; mais là il ne sera pas aussi grand, parce que le chef du gouvernement en sera averti par la police.

» M. le comte Regnaud dit qu'il serait à désirer que les maximes que le chef du gouvernement vient de professer fussent connues dans les bureaux de la police.

» M. le comte Réal dit que la police devient nulle si on l'empêche de prévenir le mal, et que les désordres se multiplieront si la justice seule se mêle des délits.

» On voit ce que font les tribunaux, et on leur sait gré de ce que, par des châtimens, ils arrêtent les progrès du mal; mais on ignore celui que la police empêche.

» N*** demande par quels moyens la police empêche le mal.

» M. le comte Réal dit que c'est par sa seule présence : il est impossible de calculer où l'état arriverait du jour qu'on cesserait de craindre la police.

» Au reste, les observations que fait M. Réal, ne sont pas présentées dans l'intérêt de la police; car, plus on lui donnera d'attributions formelles, et moins elle aura de pouvoir; et, au contraire, elle aura d'autant plus de pouvoir qu'elle aura moins d'attributions.

» Il en est même qu'elle abandonnerait volontiers, parce qu'elles la rendent odieuse sans qu'elle puisse s'en servir utilement. Telle est surtout la statistique personnelle : on la confond avec l'espionnage, et les préfets n'osent fournir les renseignemens que le ministre leur demande.

» M. Réal, désirerait, comme M. Regnaud, que les explications, données par le chef du gouvernement, fussent connues dans les bureaux; mais il observe que, si elles étaient mal traduites, la police perdrait aussitôt son utilité.

» M. le comte Treilhard dit que la statistique des hommes est, entre les mains de la police, un moyen très-puissant pour empêcher le mal. Par exemple, elle met la police en état de donner d'utiles renseignemens sur les candidats qui sont présentés pour des places de magistrature.

» Le Ministre de la Justice dit que ce soin le regarde.

» M. le comte Treilhard dit qu'il n'entend point diminuer le ministère de la justice; mais il est avantageux au chef du gouvernement de recevoir des lumières de plusieurs côtés : le Grand-Juge peut avoir été trompé.

» Le Ministre de la Justice répond que le chef du gouvernement lui ayant donné sa confiance pour les présentations, on ne pourrait sans confusion y associer un autre ministre.

» N*** dit que les réclamations du Grand-Juge sont fondées : le ministre de la police ne doit s'occuper des juges, que sous le rapport politique, c'est-à-dire, faire connaître leur opinion.

» Passant à ce qu'a dit M. Réal, il persiste à penser que le pouvoir du pére de famille ne convient point à la police. Il faut, sans doute, des entrailles dans les dépositaires de l'autorité; mais il faut, avant tout, qu'ils s'assujettissent à des régles qui les empêchent de s'égarer.

» M. le comte Regnaud, au nom de la section de l'intérieur, présente le projet de décret, dont la teneur suit :

TITRE Ier.

De la Direction de l'Imprimerie et de la Librairie.

1. Il y aura une direction générale de l'imprimerie et de la librairie.

Elle sera confiée à un conseiller-d'état.

2. Il y aura près de lui six auditeurs.

3. Il sera chargé, sous les ordres de notre ministre de l'intérieur, de tout ce qui est relatif à la profession et au commerce de l'imprimerie et de la librairie.

4. Il correspondra avec notre ministre de la police générale toutes les fois que les cas l'exigeront, et fera exécuter les ordres qu'il en recevra pour la garantie de la sûreté ou de la tranquillité de l'Etat, notamment dans les cas prévus aux articles . . . . . .

5. Il rédigera et remettra sans délai à notre ministre de l'intérieur, pour nous être présentés et délibérés en notre conseil-d'état, tous les projets de décrets nécessaires pour l'exécution du présent décret.

TITRE II.

Des professions d'Imprimeur et de Libraire.

SECTION Ire.

Des imprimeurs.

6. Le nombres des imprimeurs sera réduit, pour Paris, à soixante au plus, et pour les départemens, au nombre qui sera jugé convenable, après examen.

Le directeur-général de la librairie rédigera un projet de décret sur l'époque de cette réduction et la manière de l'opérer graduellement, de manière à concilier l'exécution de la mesure prescrite avec les intérêts des individus.

7. Tous ceux qui exercent à présent la profession d'imprimeur, continueront à l'exercer, en remplissant les conditions suivantes :

1°. D'avoir, à Paris, au moins quatre presses, et dans les départemens, deux presses montées, avec les caractères et ustensiles pour qu'elles soient en activité ;

2°. De faire, à Paris, devant le préfet de police ; dans les départemens, devant le préfet, et dans les trois mois de la publication du présent décret, la déclaration de l'intention de continuer leur profession ;

3°. D'obtenir, avant le premier juillet prochain, un brevet de notre grand-juge, ministre de la police, portant autorisation d'exercer leur profession et fixant le lieu de leur résidence.

8. Notre grand-juge ministre de la justice n'accordera ledit brevet que sur l'attestation de l'existence du nombre de presses suffisant, la représentation d'une copie certifiée de la déclaration, et après s'être assuré de la bonne conduite et de la moralité du sujet qui se présentera.

9. Le brevet délivré par notre grand-juge sera enregistré au tribunal civil du lieu de la résidence de l'impétrant, qui y prêtera serment de ne rien imprimer de contraire à ses devoirs envers le souverain, à l'ordre public ou à l'intérêt de l'Etat.

10. Ceux qui n'exercent pas aujourd'hui la profession d'imprimeur, et voudront y être admis, seront tenus, 1°. d'observer les règles ci-dessus établies; 2°. de subir un examen de capacité, dont les règles seront ultérieurement établies de la manière indiquée à l'article 5.

SECTION II.

Des libraires.

11. Les dispositions du paragraphe 2 de l'article 7, et l'article 10 du présent décret, sont déclarés communs aux libraires de l'empire.

12. Les libraires seront tenus, après avoir rempli les obligations qui y sont prescrites, d'obtenir une permission du préfet de police, à Paris, de nos préfets dans les autres départemens, et de la faire enregistrer au tribunal du lieu de leur résidence.

13. L'exercice et la profession de libraire pourra être cumulée avec celle d'imprimeur, sans que celui qui aura été breveté en cette dernière qualité ait d'autres formalités à remplir qu'une simple déclaration au préfet de police, à Paris, et aux préfets dans les autres départemens.

TITRE III.

De la police de la Librairie.

SECTION Ire.

De la garantie de l'administration.

14. Il est défendu de rien imprimer ou faire imprimer qui puisse porter atteinte aux devoirs des sujets envers le souverain, à l'ordre public et à l'intérêt de l'Etat. Les contraventions à cette défense seront portées devant nos tribunaux, et punies conformément au Code pénal, sans préjudice du droit qu'aura notre grand-juge de retirer le brevet à tout imprimeur qui aura été pris trois fois en contravention.

15. La surveillance relative à la prohibition portée par l'article précédent, est confiée spécialement au directeur-général de la librairie.

16. A cet effet, chaque imprimeur sera tenu d'avoir un livre coté et paraphé par le préfet du département, et à Paris, par le préfet de police, où il inscrira, par ordre de dates, le titre de chaque ouvrage qu'il voudra imprimer, et le nom de l'auteur s'il lui est connu. Ce livre sera représenté à toute réquisition, et visé, s'il est jugé convenable, par tout officier de police.

17. L'imprimeur remettra ou adressera sur-le-champ à Paris, au directeur-général de la librairie, et dans les départemens, au préfet, copie de la transcription faite sur son livre, et la déclaration qu'il a l'intention d'imprimer l'ouvrage : il lui en sera donné récépissé.

18. Le directeur-général de la librairie ou le préfet pourra ordonner, si bon lui semble, la communication et

l'examen de l'ouvrage; et, en ce cas, l'imprimeur sera tenu de suspendre l'impression ou la publication de l'ouvrage.

19. L'examen sera fait par un censeur désigné parmi les individus que nous nommerons au nombre de . . . pour remplir cette fonction, d'après l'avis du directeur de la librairie et la présentation de notre ministre de . . . .

20. Sur le rapport du censeur, le directeur-général pourra indiquer à l'auteur les changemens ou suppressions; et sur son refus de les faire, défendre la vente de l'ouvrage, faire rompre les formes, et saisir les feuilles ou exemplaires déjà imprimés.

21. En cas de réclamation de l'auteur, elle sera adressée à notre ministre de l'intérieur, qui ordonnera un nouvel examen.

22. Il y sera procédé par un nouveau censeur, qui rendra compte au directeur de la librairie, lequel, assisté du nombre de censeurs qu'il jugera à propos de s'adjoindre, décidera définitivement, sauf le recours à la commission sénatoriale de la liberté de la presse.

SECTION II.

De la garantie des auteurs ou imprimeurs.

23. Tout auteur ou imprimeur pourra, avant l'impression, soumettre à l'examen l'ouvrage qu'il veut imprimer. Il lui en sera donné récépissé, à Paris, au secrétariat du directeur-général de l'imprimerie; et, dans les départemens, au secrétariat de la préfecture.

24. Il en sera usé en ce cas comme il est dit aux articles 19, 20, 21 et 22.

SECTION III.

Dispositions relatives à l'exécution des deux sections précédentes.

25. Lorsque l'ouvrage que l'imprimeur aura déclaré vouloir imprimer aura été examiné, soit d'office, soit sur la demande de l'auteur, et qu'il n'y aura été rien trouvé de contraire aux dispositions de l'article 14, il en sera dressé procès-verbal par le censeur, qui paraphera l'ouvrage et le remettra à l'auteur avec une copie du procès-verbal, visé par le directeur-général de l'imprimerie et librairie.

26. La vente et circulation de tout ouvrage dont l'auteur, éditeur ou imprimeur ne pourra représenter un tel procès-verbal, pourra être suspendue ou prohibée, en vertu d'une simple décision du ministre de la police générale; et, en ce cas, les éditions ou exemplaires pourront être saisis et confisqués entre les mains de tout imprimeur ou libraire.

27. La vente et circulation de tout ouvrage dont l'auteur, éditeur ou imprimeur pourra représenter le procès-verbal dont il est parlé à l'article 25, ne pourra être prohibé par notre ministre de la police générale, ni les exemplaires saisis, qu'après avoir pris nos ordres.

28. En ce cas, cependant, l'auteur, éditeur ou imprimeur, pourra se pourvoir devant la commission sénatoriale de la liberté de la presse.

SECTION IV.

Des livres imprimés à l'étranger.

29. Aucun livre, en langue française ou latine, imprimé à l'étranger, ne pourra entrer en France sans payer un droit d'entrée.

30. Ce droit ne pourra être au-dessous de cinquante pour cent de la valeur de l'ouvrage.

Le tarif en sera rédigé par le directeur-général de la librairie, et délibéré en notre conseil-d'état, sur le rapport de notre ministre de l'intérieur.

31. Aucun livre en langue française ou étrangère, imprimé ou réimprimé hors de la France, ne pourra être introduit en France sans une permission du directeur-général de la librairie, annonçant le bureau de douane par lequel il entrera.

32. En conséquence, tout ballot de livres venant de l'étranger sera mis par les préposés des douanes sous corde et sous plomb, et envoyé à la préfecture la plus voisine.

33. Si les livres sont reconnus conformes à la permission, chaque exemplaire, ou le premier volume de chaque exemplaire sera marqué d'une estampille au lieu du dépôt provisoire, et ils seront remis au propriétaire.

TITRE IV.

De la propriété et de sa garantie.

34. Le droit de propriété est garanti à l'auteur et à sa veuve pendant leur vie, et à leurs enfans pendant vingt ans.

35. Les auteurs, soit nationaux, soit étrangers, peuvent céder leur droit à un imprimeur ou libraire, ou à toute personne, qui est alors substituée en leur lieu et place, pour eux et leurs ayant-cause, comme il est dit à l'article précédent.

TITRE V.

SECTION Ire.

Des délits en matière de librairie, et du mode de les punir.

36. Il y aura lieu à confiscation et amende au profit de l'Etat, dans les cas suivans, sans préjudice des dispositions du Code pénal :

1°. Si l'ouvrage est sans nom d'auteur ou d'imprimeur ;

2°. Si l'auteur ou l'imprimeur n'a pas fait, avant l'impression de l'ouvrage, l'enregistrement et la remise ou envoi prescrits aux articles 15 et 16 ;

3°. Si, l'ouvrage ayant été demandé pour être examiné, on n'a pas suspendu l'impression ou la publication ;

4°. Si, l'ouvrage ayant été examiné, l'auteur ou l'imprimeur se permet de le publier, malgré la défense prononcée par le directeur-général ;

5°. Si l'ouvrage est publié malgré la défense du ministre de la police générale, quand l'auteur, éditeur ou imprimeur n'a pu représenter le procès-verbal dont il est parlé article 25 ;

6°. Si, étant imprimé à l'étranger, il est présenté à l'entrée sans permission, ou circule sans être estampillé ;

7°. Si c'est une contrefaçon, c'est-à-dire, si c'est un ouvrage imprimé sans le consentement et au préjudice de l'auteur ou éditeur, ou de leurs ayant-cause.

37. Dans ce dernier cas, il y aura lieu, en outre, à des dommages-intérêts envers l'auteur ou éditeur, ou leurs ayant-cause ; et l'édition ou les exemplaires contrefaits seront confisqués à leur profit.

38. Les peines seront prononcées et les dommages-intérêts seront arbitrés par le tribunal correctionnel ou criminel, selon les cas et d'après les lois.

39. Le produit des confiscations et des amendes sera appliqué, ainsi que le produit du droit sur les livres venant de l'étranger, aux dépenses de la direction générale de l'imprimerie et de la librairie.

SECTION II.

Du mode de constater les délits et contraventions.

40. Les délits et contraventions seront constatés par les inspecteurs de la librairie, par les officiers de police, et en outre, par les préposés aux douanes pour les livres venant de l'étranger.

Chacun dresse procès-verbal de la nature du délit et contravention, des circonstances et dépendances, et le remet au préfet de son arrondissement, pour être adressé au directeur-général.

41. Les objets saisis sont déposés provisoirement au secrétariat de la mairie ou commissariat-général de la sous-préfecture, ou de la préfecture la plus voisine du lieu où le délit et la contravention sont constatés, sauf l'envoi ultérieur à qui de droit.

42. Nos procureurs-généraux ou impériaux seront tenus de poursuivre d'office, dans tous les cas prévus à la section précédente, sur la simple remise des procès-verbaux dûment affirmés.

TITRE VI.

Dipositions diverses.

43. Chaque imprimeur sera tenu de déposer à la préfecture de son département, et à Paris, à la préfecture

de police, quatre exemplaires de chaque ouvrage, savoir :

Un pour la bibliothèque impériale, un pour le ministre de l'intérieur, un pour le ministre de la police, un pour le directeur-général de la librairie.

44. Il sera statué, par des réglemens particuliers, comme il est dit à l'article 5, sur ce qui concerne :

1°. Les imprimeurs et libraires, leur réception et leur police;

2°. Les libraires étaleurs;

3°. Les fondeurs de caractères;

4°. Les graveurs;

5°. Les relieurs, et toutes les autres parties de l'art ou du commerce de l'imprimerie et librairie.

45. Ces réglemens seront proposés et arrêtés en conseil-d'état, sur la proposition du directeur-général de la librairie, sur le rapport de notre ministre de l'intérieur.

46. Nos ministres sont chargés, chacun en ce qui le concerne, de l'exécution du présent décret, qui sera inséré au bulletin des lois.

Le projet ci-dessus est discuté.

Les articles 1, 2 et 3 ne donnent lieu à aucune observation.

On passe à l'article 4.

N*** dit qu'il ne voit pas l'objet de la correspondance que cet article établit; le directeur-général est le chef de l'imprimerie.

M. le comte Regnaud dit que c'est pour le cas

où il s'agit d'arrêter l'impression et le débit d'un ouvrage.

N*** dit que le ministre le fera arrêter par ses agens.

Les articles 5 et 6 ne donnent lieu à aucune observation.

L'article 7 est discuté.

L'Archichancelier dit qu'il y aurait quelque dureté à supprimer de suite les imprimeurs qui n'ont pas quatre presses montées.

M. le comte Regnaud dit que cette suppression est avantageuse à l'imprimeur lui même, attendu qu'avec moins de quatre presses il ne peut pas soutenir sa famille.

M. le comte Réal voudrait que, du moins, on n'effectuât pas de suppression dès-à-présent et au milieu de l'hiver.

M. le comte Defermon dit qu'il ne faut ôter à personne son état.

N*** demande combien le décret opérera de suppressions.

M. le comte Regnaud dit que sur 136 imprimeurs, quatre-vingt-dix ont quatre presses montées. La suppression actuelle ne nuira pas aux autres : elle les empêchera, au contraire, de consommer leur ruine. Ils trouveront à vivre dans l'imprimerie même, s'ils veulent reprendre le métier de prote ou de compositeur, qu'ils ont mal-à-propos quitté.

L'Archichancelier pense qu'il serait préférable de ne point parler de suppression actuelle, et de se borner à dire que le nombre des imprimeurs sera fixé par un réglement.

On ajouterait que les imprimeurs qui se trouveront supprimés, par l'effet de la réduction, recevront une indemnité.

N*** dit qu'il faut déclarer que le nombre des imprimeurs, de Paris, sera réduit à 60; assurer une indemnité à ceux qui seront supprimés, et ajourner l'exécution du décret au premier janvier 1812.

On diviserait en conséquence le projet en deux parties. Dans l'une, on statuerait sur l'état actuel des choses; dans l'autre, on pourvoirait à l'avenir.

Dans les articles 6, 7, 8 et 9, on substituera le ministre de l'intérieur au grand-juge.

M. le comte Regnaud demande si le chef du

gouvernement adopte la condition d'avoir quatre presses.

N*** dit qu'on peut la laisser.

Le décret fixera aussi le nombre des imprimeurs dans les départemens.

Les articles 10, 11, 12 et 13 ne donnent lieu à aucune observation.

L'article 14 est discuté.

M. le comte TREILHARD propose de retrancher la condition de la récidive : il se pourrait que la première contravention produisît un si grand scandale, qu'on dût dès-lors interdire l'imprimeur.

L'article est adopté avec cet amendement.

Les articles 15, 16 et 17 ne donnent lieu à aucune observation.

L'article 18 est discuté.

M. le comte RÉAL dit qu'il est nécessaire de communiquer du moins l'ouvrage au ministre de la police, afin qu'il voie s'il ne contient rien de contraire à l'intérêt de l'Etat.

M. le comte REGNAUD répond que le directeur-général communiquera de lui-même au ministre que l'ouvrage pourra intéresser.

L'article 18 est adopté.

Les articles 19, 20, 21, 22, 23, 24, 25, 26 et 27 ne donnent lieu à aucune observation.

L'article 28 est discuté.

M. le comte Boulay dit que s'il était reconnu qu'il y a violation de la liberté de la presse, le ministre serait dans le cas d'être poursuivi, et cependant il n'aurait agi que d'après les ordres du chef du gouvernement.

M. le comte Regnaud répond que le ministre ne cesse jamais d'être responsable.

M. le comte Treilhard propose de retrancher, dans l'article 27, les mots : *après avoir pris nos ordres.*

M. le comte Boulay pense qu'on ne doit point parler de la commission du sénat : on sait dans quelles vues elle a été créée. On peut même supprimer entièrement l'article : c'est un grand avantage pour l'auteur que cette nécessité imposée au ministre de prendre les ordres du chef du gouvernement, avant d'interdire son ouvrage.

M. le comte Defermon dit qu'il faudrait à l'auteur la garantie qu'on ne surprendra pas les ordres du chef du gouvernement.

M. le comte Regnaud dit que cette garantie est dans l'intérêt qu'a le directeur général de justifier son approbation, et dans la certitude que le ministre de l'intérieur fera valoir, auprès du chef du gouvernement, les motifs qui l'ont déterminé.

N*** dit qu'il ne verrait pas de difficulté à ne permettre de supprimer un livre approuvé que par un décret délibéré au conseil d'Etat, dans les formes de la commission du contentieux.

M. le comte Regnaud dit qu'en effet autrefois la suppression était ordonnée par arrêt du conseil.

N*** dit que le ministre renverra à la commission du contentieux.

M. le comte Regnaud demande si la décision du ministre sera exécutée par provision.

N*** dit qu'il n'accorde point le provisoire au ministre. Son idée est que la suppression d'un livre ne puisse jamais avoir lieu qu'après une instruction, et par décret délibéré au conseil.

Dans ce système, l'auteur a la sûreté la plus complète, puisqu'on n'interdira son livre qu'après que le directeur-général, deux ministres, et le conseil d'Etat, auront décidé qu'on ne doit pas le publier.

M. le comte Treilhard observe que si l'ouvrage a été examiné légérement, et qu'il soit dangereux, le poison qu'il contient ne laissera pas de se répandre avant qu'on en délibère au conseil.

N*** dit qu'il ne faut pas que la police puisse arrêter, même provisoirement, un ouvrage qui a obtenu l'approbation d'un ministre ou d'un conseiller d'Etat : elle s'en ferait un jeu.

M. le comte Treilhard dit qu'on pourrait accorder à la commission du contentieux le pouvoir de défendre provisoirement la publication.

N*** dit que si l'ouvrage est peu important, l'inconvénient est aussi très-mince ; s'il est très-dangereux, le conseil s'assemble assez souvent pour arrêter promptement le désordre.

M. le comte Regnaud demande si le recours à la commission du contentieux sera également ouvert dans l'espèce de l'article 22.

N*** répond que ce serait engager le conseil dans trop de détails.

Le conseil adopte définitivement le projet dans les termes suivans :

TITRE Ier.

De la direction de l'imprimerie et de la librairie.

1. Il y aura un directeur-général, chargé, sous les ordres de notre ministre de l'intérieur, de tout ce qui est relatif à l'imprimerie et à la librairie.

2. Six auditeurs seront placés auprès du directeur-général.

TITRE II.

De la profession d'imprimeur.

3. A dater du premier janvier mil huit cent onze, le nombre des imprimeurs dans chaque département sera fixé, et celui des imprimeurs, à Paris, sera réduit à soixante.

4. La réduction dans le nombre des imprimeurs ne pourra être effectuée sans qu'on ait préalablement pourvu à ce que les imprimeurs actuels, qui seront supprimés, reçoivent une indemnité de ceux qui seront conservés.

5. Les imprimeurs seront brevetés et assermentés.

6. Ils seront tenus d'avoir, à Paris, quatre presses, et dans les départemens, deux.

7. Lorsqu'il viendra à vaquer des places d'imprimeurs, soit par décès, soit autrement, ceux qui leur succéderont ne pourront recevoir leurs brevets et être admis au serment, qu'après avoir justifié de leur capacité, de leurs bonnes vie et mœurs, et de leur attachement à la patrie et au souverain.

8. On aura, lors des remplacemens, des égards particuliers pour les familles des imprimeurs décédés.

9. Le brevet d'imprimeur sera délivré par notre directeur-général de l'imprimerie, et soumis à l'approbation de notre ministre de l'intérieur : il sera enregistré au tribunal civil du lieu de la résidence de l'impétrant, qui y prêtera serment de ne rien imprimer de contraire aux devoirs envers le souverain et à l'intérêt de l'Etat.

TITRE III.

De la police de l'imprimerie.

SECTION Ire.

De la garantie de l'administration.

10. Il défendu de rien imprimer ou faire imprimer qui puisse porter atteinte aux devoirs des sujets envers le souverain et à l'intérêt de l'Etat. Les contrevenans seront traduits devant nos tribunaux, et punis conformément au Code pénal, sans préjudice du droit qu'aura notre ministre de l'intérieur, sur le rapport du directeur-général, de retirer le brevet à tout imprimeur qui aura été pris en contravention.

11. Chaque imprimeur sera tenu d'avoir un livre coté et paraphé par le préfet du département, où il inscrira par ordre de date le titre de chaque ouvrage qu'il voudra imprimer, et le nom de l'auteur s'il lui est connu. Ce livre sera représenté à toute requisition, et visé, s'il est jugé convenable, par tout officier de police.

12. L'imprimeur remettra ou adressera sur-le-champ au directeur-général de l'imprimerie et de la librairie,

et en outre aux préfets, copie de la transcription faite sur son livre, et la déclaration qu'il a intention d'imprimer l'ouvrage ; il lui en sera donné récépissé.

Les préfets donneront connaissance de chacune de ces déclarations à notre ministre de la police générale.

13. Le directeur-général pourra ordonner, si bon lui semble, la communication et l'examen de l'ouvrage ; et surseoir à l'impression.

14. Lorsque le directeur-général aura sursis à l'impression d'un ouvrage, il l'enverra à un censeur choisi parmi ceux que nous nommerons pour remplir cette fonction, sur l'avis du directeur-général et la proposition de notre ministre de l'intérieur.

15. Notre ministre de la police générale, et les préfets dans leurs départemens, feront surseoir à l'impression de tous les ouvrages qui leur paraîtront en contravention à l'article dix ; en ce cas, le manuscrit sera envoyé dans les vingt-quatre heures au directeur-général, comme il est dit ci-dessus.

16. Sur le rapport du censeur, le directeur-général pourra indiquer à l'auteur les changemens et suppressions jugés convenables, et sur son refus de les faire, défendre la vente de l'ouvrage, faire rompre les formes, et saisir les feuilles ou exemplaires déjà imprimés.

17. En cas de réclamation de l'auteur, elle sera adressée à notre ministre de l'intérieur, et il sera procédé à un nouvel examen.

18. Un nouveau censeur en sera chargé : il rendra compte au directeur-général, lequel, assisté du nombre de censeurs qu'il jugera à propos de s'adjoindre, décidera définitivement.

19. Lorsque le directeur-général jugera qu'un ouvrage

qu'on se propose d'imprimer, intéresse quelque partie du service public, il en préviendra le ministre du département auquel l'objet de cet ouvrage sera relatif ; et, sur la demande de ce ministre, il en ordonnera l'examen.

Le résultat de cet examen sera communiqué au ministre du département, et, en cas de diversité d'opinions, il nous en sera rendu compte par notre ministre de l'intérieur.

SECTION II.

De la garantie des auteurs et imprimeurs.

21. Tout auteur ou imprimeur pourra, avant l'impression, soumettre à l'examen l'ouvrage qu'il veut imprimer ou faire imprimer : il lui en sera donné récépissé, à Paris, au secrétariat du directeur-général ; et dans les départemens, au secrétariat de la préfecture.

22. Il en sera usé dans ce cas comme il est dit aux articles 14, 15, 16, 17 et 18.

SECTION III.

Dispositions relatives à l'exécution des deux sections précédentes.

23. Lorsque le directeur-général pensera qu'il n'y a pas lieu à examiner un ouvrage, et qu'aucun de nos ministres n'en aura provoqué l'examen, le directeur-général enverra un récépissé de la feuille de transcription du registre de l'imprimeur; et il pourra alors être donné suite à l'impression.

24. Lorsque l'ouvrage que l'imprimeur aura déclaré vouloir imprimer aura été examiné, soit d'office, soit sur la demande d'un de nos ministres, soit d'après un sursis

ordonné par le ministre de la police, et les préfets dans leurs départemens, soit enfin sur la demande de l'auteur, et qu'il n'y aura été rien trouvé de contraire aux dispositions de l'article dix, il en sera dressé procès-verbal par le censeur, qui paraphera l'ouvrage; et copie du procès-verbal, visée par le directeur-général, sera transmise, selon le cas, à l'auteur ou à l'imprimeur.

25. Si le directeur-général, sur l'avis du censeur, a décidé qu'il y a lieu à des changemens ou des suppressions, il en sera fait mention audit procès-verbal, et l'auteur ou l'imprimeur sera tenu de s'y conformer.

26. La vente et circulation de tout ouvrage dont l'auteur ou éditeur ne pourra représenter un tel procès-verbal, pourra être suspendue ou prohibée, en vertu d'une décision de notre ministre de la police, ou de notre directeur de l'imprimerie, ou des préfets, chacun dans son département; et, en ce cas, les éditions ou exemplaires pourront être saisis ou confisqués entre les mains de tout imprimeur ou libraire.

27. La vente et circulation de tout ouvrage dont l'auteur, éditeur ou imprimeur pourra représenter le procès-verbal dont il est parlé à l'article vingt-quatre, ne pourra être suspendue, et les exemplaires provisoirement mis sous le séquestre, que par ordre de notre ministre de la police.

En ce cas, et dans les vingt-quatre heures, notre ministre de la police transmettra à la commission du contentieux de notre conseil-d'état un exemplaire dudit ouvrage, avec l'exposé des motifs qui l'ont déterminé à en ordonner la suspension.

28. Le rapport et l'avis de la commission du contentieux seront renvoyés à notre conseil-d'état, pour être statué définitivement.

*

TITRE IV.

Des libraires.

29. A dater du premier janvier mil huit cent onze, les libraires seront brevetés et assermentés.

30. Les brevets de libraires seront délivrés par notre directeur-général de l'imprimerie, et soumis à l'approbation de notre ministre de l'intérieur. Ils seront enregistrés au tribunal civil du lieu de la résidence de l'impétrant, qui y prêtera serment de ne vendre, débiter et distribuer aucun ouvrage contraire aux devoirs envers le souverain et à l'intérêt de l'Etat.

31. La profession de libraire pourra être exercée concurremment avec celle d'imprimeur.

32. L'imprimeur qui voudra réunir la profession de libraire sera tenu de remplir les formalités qui sont imposées aux libraires.

Le libraire qui voudra réunir la profession d'imprimeur sera tenu de remplir les formalités qui sont imposées aux imprimeurs.

33. Les brevets ne pourront être accordés aux libraires qui voudront s'établir à l'avenir, qu'après qu'ils auront justifié de leurs bonnes vie et mœurs, et de leur attachement à la patrie et au souverain.

TITRE V.

Des livres imprimés à l'étranger.

34. Aucun livre, en langue française ou latine, imprimé à l'étranger, ne pourra entrer en France sans payer un droit d'entrée.

35. Ce droit ne pourra être au-dessous de cinquante pour cent de la valeur de l'ouvrage.

Le tarif en sera rédigé par le directeur-général de la librairie, et délibéré en notre conseil-d'état, sur le rapport de notre ministre de l'intérieur.

36. Indépendamment des dispositions de l'article trente-quatre, aucun livre imprimé ou réimprimé hors de la France ne pourra être introduit en France sans une permission du directeur-général de la librairie, annonçant le bureau de douane par lequel il entrera.

37. En conséquence, tout ballot de livres venant de l'étranger sera mis, par les préposés des douanes, sous corde et sous plomb, et envoyé à la préfecture la plus voisine.

38. Si les livres sont reconnus conformes à la permission, chaque exemplaire, ou le premier volume de chaque exemplaire, sera marqué d'une estampille au lieu du dépôt provisoire, et ils seront remis au propriétaire.

TITRE VI.

De la propriété et de sa garantie.

39. Le droit de propriété est garanti à l'auteur et à sa veuve pendant leur vie, si les conventions matrimoniales de celle-ci lui en donnent le droit, et à leurs enfans pendant vingt ans.

40. Les auteurs, soit nationaux, soit étrangers, de tout ouvrage imprimé ou gravé, peuvent céder leur droit à un imprimeur ou libraire, ou à toute autre personne, qui est alors substituée en leur lieu et place pour eux et leurs ayant-cause, comme il est dit à l'article précédent.

TITRE VII.

SECTION Ire.

Des délits en matière de librairie, et du mode de les punir et de les constater.

41. Il y aura lieu à confiscation et amende au profit de l'Etat dans les cas suivans, sans préjudice des dispositions du Code pénal :

1°. Si l'ouvrage est sans nom d'auteur ou d'imprimeur;

2°. Si l'auteur ou l'imprimeur n'a pas fait, avant l'impression de l'ouvrage, l'enregistrement et la déclaration prescrits aux articles onze et douze.

3°. Si, l'ouvrage ayant été demandé pour être examiné, on n'a pas suspendu l'impression ou la publication;

4°. Si, l'ouvrage ayant été examiné, l'auteur ou l'imprimeur se permet de le publier, malgré la défense prononcée par le directeur-général ;

5°. Si l'ouvrage est publié malgré la défense du ministre de la police générale, quand l'auteur, éditeur ou imprimeur n'a pu représenter le procès-verbal dont il est parlé article vingt-quatre ;

6°. Si, étant imprimé à l'étranger, il est présenté à l'entrée sans permission, ou circule sans être estampillé ;

7°. Si c'est une contrefaçon, c'est-à-dire, si c'est un ouvrage imprimé sans le consentement et au préjudice de l'auteur ou éditeur, ou de leurs ayant-cause.

42. Dans ce dernier cas, il y aura lieu, en outre, à des dommages-intérêts envers l'auteur ou éditeur, ou leurs

ayant-cause; et l'édition ou les exemplaires contrefaits seront confisqués à leur profit.

43. Les peines seront prononcées et les dommages-intérêts seront arbitrés par le tribunal correctionnel ou criminel, selon les cas et d'après les lois.

44. Le produit des confiscations et des amendes sera appliqué, ainsi que le produit du droit sur les livres venant de l'étranger, aux dépenses de la direction générale de l'imprimerie et librairie.

SECTION II.

Du mode de constater les délits et contraventions.

45. Les délits et contraventions seront constatés par les inspecteurs de l'imprimerie et de la librairie, les officiers de police, et en outre, par les préposés aux douanes pour les livres venant de l'étranger.

Chacun dressera procès-verbal de la nature du délit et contravention, des circonstances et dépendances, et le remettra au préfet de son arrondissement, pour être adressé au directeur-général.

46. Les objets saisis sont déposés provisoirement au secrétariat de la mairie, ou commissariat-général de la sous-préfecture ou de la préfecture la plus voisine du lieu où le délit et la contravention sont constatés, sauf l'envoi ultérieur à qui de droit.

47. Nos procureurs-généraux ou impériaux seront tenus de poursuivre d'office, dans tous les cas prévus à la section précédente, sur la simple remise qui leur sera faite d'une copie des procès-verbaux dûment affirmés.

TITRE VIII.

Dispositions diverses.

48. Chaque imprimeur sera tenu de déposer à la préfecture de son département, et, à Paris, à la préfecture de police, quatre exemplaires de chaque ouvrage, savoir :

Un pour la bibliothèque impériale, un pour le ministre de l'intérieur, un pour la bibliothèque de notre conseil-d'état, un pour le directeur-général de la librairie.

49. Il sera statué par des réglemens particuliers, comme il est dit à l'article trois, sur ce qui concerne :

1°. Les imprimeurs et libraires, leur réception et leur police ;

2°. Les libraires étaleurs, lesquels ne sont pas compris dans les dispositions ci-dessus ;

3°. Les fondeurs de caractères ;

4°. Les graveurs ;

5°. Les relieurs, et ceux qui travaillent dans toutes les autres parties de l'art et du commerce de l'imprimerie et de la librairie.

50. Ces réglemens seront proposés et arrêtés en conseil-d'état, sur la proposition du directeur-général de la librairie, et le rapport de notre ministre de l'intérieur.

51. Nos ministres sont chargés, chacun en ce qui le concerne, de l'exécution du présent décret, qui sera inséré au bulletin des lois.

SÉANCE

Du 13 Décembre 1811, tenue au palais de Saint-Cloud.

M. LE COMTE REGNAUD, en l'absence de M. le comte de Ségur, et au nom de la section de l'intérieur, présente le projet de décret dont la teneur suit :

Sur le rapport de notre ministre de l'intérieur ;

Notre Conseil-d'Etat entendu,

Nous avons décrété et décrétons ce qui suit :

Art. 1er. Le recouvrement des droits établis sur la librairie française et étrangère et sur l'imprimerie, par nos décrets des cinq février et quatorze décembre mil huit cent dix, vingt-neuf avril, trois juin et douze septembre mil huit cent onze, sera poursuivi contre les débiteurs en retard, par voie de contrainte, suivant le mode établi pour la perception des contributions indirectes.

2. Les contraintes seront décernées sur la réquisition de notre directeur général de l'imprimerie et de la li-

brairie, par le préfet du département du domicile des redevables.

3. En cas de contestations sur l'exécution de la contrainte, elles seront portées devant nos cours et tribunaux.

4. Notre ministre de l'intérieur est chargé de l'exécution du présent décret, qui sera inséré au bulletin des lois.

L'ARCHICHANCELIER demande si les droits, attribués à la direction, intéressent tellement l'Etat, qu'on doive en opérer le recouvrement par voie de contrainte. Ce moyen semble devoir être réservé pour les contributions qui alimentent le trésor public. Hors de là, la justice exige qu'on laisse les parties contester et se débattre.

M. le comte REGNAUD observe que le droit n'est pas susceptible de contestation. Il est fixé à un centime par feuille de labeur. On peut bien contester que l'objet imprimé appartienne à la classe des labeurs, fait qu'au surplus on vérifie très-facilement; mais il est impossible qu'on se débatte sur la quotité du droit.

Quoi qu'il en soit, la direction a besoin d'une augmentation de fonds. Elle doit déjà

144,000 francs à la caisse d'amortissement, sans que néanmoins ses dépenses à faire soient assurées.

N*** dit que, peut-être aussi, ses dépenses sont trop considérables.

M. le comte Defermon dit que, puisque les imprimeurs souscrivent des obligations, il est inutile d'autoriser le préfet à décerner contre eux des contraintes.

M. le baron de Pommereul dit qu'il ne serait pas réduit à demander une augmentation de fonds, si l'on n'eût pas retranché du décret du 5 février 1810 la disposition qui soumettait au droit les auteurs vivans.

C'est de là aussi que naissent les contestations. Plusieurs auteurs s'emparent des ouvrages qui sont du domaine public, les morcèlent, en changent la forme, et, donnant ces rapsodies pour leur propre travail, ils se prétendent exempts du droit.

Certes, si le décret du 5 février 1810 s'étendait à tous les livres qu'on imprime, la direction aurait des fonds suffisans en lui accordant toutefois les droits qu'elle réclame sur les cabinets littéraires, dont la surveillance, d'ailleurs, est une mesure utile de police.

M. le comte REGNAUD dit que les imprimeurs et les libraires sont très-opposés à l'extension que M. de Pommereul réclame. Ils préféreraient qu'on perçût un droit d'octroi sur le papier. Ce système, suivant eux, aurait le double avantage de couvrir les dépenses de la direction, et d'affranchir la librairie d'entraves qui arrêtent sa marche, en discréditant la direction elle-même.

Il est certain, en effet, que la direction a porté ses prétentions très-loin. Elle veut, par exemple, soumettre au droit le texte imprimé à côté d'une traduction : elle place dans le domaine public les productions de l'Institut, quoique leurs auteurs soient encore vivans : elle veut faire payer quelques pages de citations qui se trouvent textuellement dans un livre.

Tout cela lui donne des apparences beaucoup trop fiscales.

Tout cela, d'ailleurs, ne devrait être autorisé que d'aprés discussion au conseil d'état, et non par le directeur seul, qui ne peut pas être juge et partie.

M. le baron DE POMMEREUL dit qu'il aimerait

mieux qu'on lui assignât un fonds fixe, que de se voir réduit à faire les dépenses avec des perceptions de droits.

Quant à l'imposition qu'on propose sur le papier, elle ne serait pas répartie également, puisque toutes les villes n'ont pas des octrois, et elle rendrait des sommes trop considérables.

M. le comte Regnaud répond qu'il est bien facile de n'en fixer le taux que dans la proportion des besoins ; que si toutes les villes n'ont pas des octrois, il en existe, du moins, dans celles où se font les grandes consommations.

D'un autre côté, la police vient encore ajouter aux embarras que la direction apporte dans l'imprimerie et la librairie. Elle fait saisir les ouvrages que le directeur-général laisse passer, et cependant l'affaire ne vient pas au conseil d'état par la commission du contentieux, quoique le décret du 5 février 1810 l'ordonne. C'est ce qui est arrivé récemment pour l'édition des Œuvres de Parny.

M. le baron de Pommereul dit que quelquefois on retrouve dans le commerce des livres qui ont été saisis.

Il paraîtrait convenable de séquestrer les livres dont on ne croit pas devoir permettre la vente, et d'en référer au conseil d'état. M. de Pommereul avait proposé cette mesure.

M. le comte REGNAUD dit que la police semblerait ne devoir intervenir, dans la publication des ouvrages, que sous le rapport de l'intérêt politique. Si elle fait plus, elle s'engage dans beaucoup d'incertitudes, et peut s'égarer. Laissera-t-elle, par exemple, réimprimer les Contes de Lafontaine? Empêchera-t-elle de faire une nouvelle édition des Œuvres de Voltaire, parce que, pour la rendre complète, on y aura inséré certains ouvrages licentieux, échappés de la plume de cet auteur? Il n'y a pas cinq ans que la police a arrêté un livre contre les jeux.

N*** dit qu'on se plaint de ce que la censure est confiée à des gens de lettres, et que, par cette raison, elle n'est pas impartiale. On se plaint également de la coterie et de la ligue des journalistes, qui accréditent ou discréditent, comme ils veulent, les ouvrages.

M. le comte REGNAUD dit qu'en effet les journaux n'insèrent rien de ce qui peut choquer ceux qu'ils favorisent. Ils attaquent, et ne permettent pas de se défendre.

N*** demande si l'on ne pourrait pas choisir les censeurs hors de la classe des écrivains.

M. le baron DE POMMEREUL dit qu'il n'y aurait que de l'avantage à écarter les auteurs de profession.

M. le comte MOLÉ dit qu'il importe surtout de ne pas prendre les censeurs parmi les journalistes.

M. le baron DE POMMEREUL convient que ces deux qualités sont absolument inconciliables.

M. le comte REGNAUD dit qu'il faut s'attacher à rendre la qualité de censeur honorable. Elle l'était autrefois d'autant plus, que ces fonctions n'étaient point rétribuées : on récompensait les censeurs par des pensions.

Autrefois aussi, chaque partie avait ses censeurs particuliers. Les ouvrages de théologie, de droit, de médecine, de belles-lettres, n'étaient pas examinés par les mêmes personnes. Peut-être que cet usage serait bon à rétablir.

M. le baron DE POMMEREUL dit qu'on trouvera sans peine de bons censeurs pour les livres de science, mais bien moins facilement pour les ouvrages de littérature.

N*** demande si la censure donne une pleine garantie aux auteurs, imprimeurs et libraires.

M. le comte Regnaud dit qu'elle devrait avoir cet effet, mais qu'elle ne l'obtient pas toujours, par la raison que la police fait saisir, même les livres approuvés, et ruine impitoyablement les éditeurs.

M. le baron de Pommereul dit que le censeur lui-même se trouve très-gêné, car il n'est formellement autorisé à refuser son approbation que pour un très-petit nombre de causes; et, quand la nécessité le force d'aller au-delà, il prend la responsabilité sur lui.

N*** dit que le conseil, dans ses projets, tend toujours à rendre la police plus indépendante qu'elle n'a jamais été.

Sous l'ancien gouvernement, on délivrait, à la vérité, des lettres de cachet en blanc; mais du moins ces lettres portaient la signature du roi. Maintenant la police arrête, de son autorité, comme bon lui semble, sans que le chef du gouvernement le sache, et même par la seule raison qu'on a présenté une pétition au souverain. Ce pouvoir est trop étendu. Que la police fasse un rapport et demande une autorisation lorsqu'il s'agit de sortir des règles communes : si elle eût satisfait à ce devoir avant de saisir l'édition de Parny, le chef du gouvernement ne lui aurait pas permis de passer outre.

Autrefois, les parlemens réprimaient les écarts de la police, parce qu'eux-mêmes l'exerçaient éminemment. Les cours d'appel n'ayant que la justice, et ne devant point se mêler de l'administration, ne peuvent pas faire comme les parlemens. La justice est donc désarmée vis-à-vis de la police; et, cependant, il n'y a de propriété et de liberté que par la garantie qu'offrent les tribunaux. Que la police arrête, mais que ce soit pour saisir à l'instant même la justice! et que, si elle ne le fait pas, les tribunaux, sur le réquisitoire du ministère public, ordonnent l'élargissement! Dans l'état actuel, la moindre intrigue, dans les bureaux de police, peut compromettre la liberté et la propriété des citoyens. Pourquoi, par exemple, la police a-t-elle fait arrêter les Œuvres de Parny? C'est parce qu'elle tend à ramener la librairie dans ses attributions.

M. le comte Regnaud dit que, dans le décret du 5 février 1810, on a cherché a établir une garantie par l'article 10, qui porte :

Il est défendu de rien imprimer ou faire imprimer qui puisse porter atteinte aux devoirs des sujets envers le Souverain, et à l'intérêt de l'Etat. Les contrevenans seront traduits devant nos tribunaux, et punis conformément au Code pénal, sans préjudice du droit qu'aura notre ministre de l'intérieur, sur le rapport du directeur général, de retirer le brevet à tout imprimeur qui aura été pris en contravention.

Mais aucun procureur général n'a le droit de requérir l'application de cet article.

M. le comte Boulay dit qu'on assurerait la garantie, en ouvrant le recours aux imprimeurs et aux libraires.

N*** dit que le recours au conseil d'état est loin d'offrir une garantie suffisante ; il n'y a de véritable garantie que dans les tribunaux : c'est parce qu'on leur renvoie toutes les questions de propriété, qu'en France la propriété est respectée. Voilà ce que M. Treilhard n'a jamais voulu entendre, et voilà pourquoi aussi les lois sur l'autorité judiciaire sont manquées. Dans une république, les ministres craignent la tribune, les clubs, les écrits : dans une monarchie, il n'y a que la justice qui puisse les contenir dans les limites de leurs devoirs. Le chef du gouvernement même ne serait rien dans le systéme actuel. Ce ne sera, sans doute, pas lui qui se laissera annihiler; mais il n'en est pas moins vrai que l'ordre des choses tend à rendre les ministres indépendans de son autorité. Cependant l'ancienne tradition s'est mieux conservée dans les autres ministères : là, il ne se fait rien d'important, sans qu'on ait pris les ordres du chef du gouvernement. La police seule agit comme il lui plaît, fait arrêter qui elle veut, et retient les individus aussi longtemps qu'il lui convient : en un mot, la liberté civile n'est plus sous la garantie de la justice, puisque les autorités judiciaires ne se mêlent pas de ce que la police fait.

M. le comte REGNAUD dit que, cependant, d'après les décrets en vigueur, les procureurs généraux ont certainement le droit de visiter les prisons, et de mettre en liberté ceux qu'ils y trouvent illégalement détenus.

N*** dit que ces officiers ne se le permettraient pas.

L'ARCHICHANCELIER dit que, s'ils venaient exercer ce ministère dans les prisons, la police ne les en laisserait pas sortir.

N*** dit qu'un ministre de la justice, d'un très-grand caractère, pourrait peut-être relever l'autorité des tribunaux; mais comme il ne faut attendre des hommes que ce qui est dans la mesure ordinaire, c'est dans l'institution même qu'il convient de placer la garantie des citoyens. L'abaissement des tribunaux est dû, en grande partie, à la haine et au ressentiment de quelques jurisconsultes dont les parlemens avaient réprimé les écarts. Quel serait l'inconvénient de donner au procureur-général le droit de s'emparer de ceux que la police arrête ; et de les élargir, quand ils l'ont été sans motif?

M. le comte Boulay dit que le ministère public en a le droit.

L'Archichancelier dit qu'assurément le procureur-général ne pourrait pas faire un réquisitoire pour demander le transport de commissaires de la cour.

Les cours d'appel n'ont pas assez d'autorité. Il est bon, sans doute, que le conseil annulle les arrêts qui blessent l'intérêt général de l'état, parce que le chef du gouvernement et son conseil sont les conservateurs de cet intérêt : mais que, hors de là, les cours aient toute liberté pour réprimer tous les attentats, tous les désordres. Or, les lois ne leur accordent pas ce pouvoir.

M. le comte Regnaud dit qu'on peut corriger les dispositions des lois qui s'écartent de ces principes.

N*** dit qu'on le peut, sans doute, mais en refaisant les lois criminelles; et c'est à quoi il faudra bien arriver dans quelques années. Les palliatifs ne remédieraient à rien, et cependant on ne doit pas laisser un libre cours aux vexations qui s'exercent. Il n'y a que le militaire qui ne vexe point : ses chefs sont loin d'avoir les prétentions des anciens gouverneurs, même des anciens lieutenans du roi. Les préfets, au contraire, font uniquement tout ce qu'ils veulent. Un commis de la préfecture peut faire retenir et laisser mourir un homme dans les prisons, extorquer des sommes immenses, sans que le chef du gouvernement en soit instruit. On s'est permis des infamies à l'occasion de la conscription. La cour d'appel est témoin de ces désordres; elle les voit, et elle ne peut les réprimer. Qui donc les connaîtra, et y mettra un terme?

M. le comte Boulay pense que la timidité des procureurs-généraux vient, en grande partie, de ce que l'impression des maximes introduites depuis la révolution n'est pas encore effacée : on avait donné à l'administration une prépondérance et une étendue de pouvoirs, que presque tout le monde lui suppose encore.

M. le comte Regnaud croit qu'en effet c'est là une des causes de la faiblesse des tribunaux. Il est persuadé qu'un procureur-général ne dépasserait pas les limites de ses fonctions, s'il requérait la mise en liberté d'un homme arbitrairement arrêté par la police. Cependant, cet acte ne lui serait pas toujours possible, attendu que beaucoup de ceux que la police arrête, sont envoyés dans des prisons d'état, et se trouvent soustraits par-là à la protection de la justice.

N*** dit que cela vient de ce qu'il n'y a pas d'instruction judiciaire.

M. le comte Defermon dit que rien n'est plus dangereux que de laisser agir la police sans que la justice intervienne.

N*** dit que le danger s'évanouira du moment qu'un décret aura mis la justice en mouvement. Aujourd'hui, les cours ne pourraient pas même instruire sur les délits qui se commettent en matière de conscription.

M. le comte Réal dit que les préfets ont toujours soin de renvoyer devant les tribunaux le jugement de ces sortes de délits.

N*** dit qu'il se peut que le préfet soit lui-même le coupable.

Un préfet vigilant en usera comme dit M. Réal; mais si un préfet s'abandonne à ses secrétaires, et que ces secrétaires soient des prévaricateurs, rien n'arrivera aux tribunaux : le nom et l'autorité du préfet couvrent tout. Que les cours informent d'elles-mêmes contre tous les coupables, quels qu'ils soient !

M. le comte Molé demande si le ministère public pourrait requérir contre un préfet qui aurait reçu une somme pour exempter un conscrit.

M. le comte Réal répond qu'il le peut et qu'il le fait.

M. le comte Berlier dit que, dans ce cas, la justice est tenue de recueillir les preuves et les renseignemens; qu'ensuite, elle est obligée de s'arrêter jusqu'à ce que la mise en jugement ait été autorisée. Cependant, il faut convenir qu'elle s'abstient de toute espèce de poursuite, parce que l'administration l'effraie, et qu'elle craint qu'on ne fasse passer pour une entreprise, pour une extension de pouvoir, ce qui n'est que l'usage de son autorité naturelle.

N*** dit qu'il est impossible de nier que, dans l'état des choses, la police ne soit entièrement administrative. Par exemple, un préfet qui fait arrêter un homme, est-il obligé de le remettre à la justice dans les vingt-quatre heures ?

M. le comte Boulay répond qu'il le doit, parce qu'il agit comme officier de police judiciaire.

M. le comte Berlier dit qu'il faut reconnaître que la justice ne se croit pas autorisée à se mêler des affaires qui sont entre les mains de la police.

N*** dit que non-seulement cette faculté n'existe pas dans le fait, mais qu'elle n'est pas même bien établie par la loi. La preuve en est dans les questions multipliées qui sont adressées au grand-juge. Les tribunaux ne cessent de lui demander s'ils peuvent agir, s'ils le doivent. Il n'en est pas un qui osât procéder contre un préfet, si ce n'est pour des intérêts civils. Il faut que la justice informe contre tout le monde ; et, si ce droit lui est contesté, un décret le lui assurera. Tout citoyen à qui l'on fait tort, doit pouvoir se plaindre, non pas à l'administration, où la faveur peut beaucoup, de qui l'on ne se fait pas entendre, qu'on n'aborde que difficilement, qui vérifie les faits comme il lui convient, et prononce comme il lui plaît, et ne décide point, ou décide suivant son bon plaisir ; mais aux tribunaux auprès desquels tous ont accès, où l'on trouve des défenseurs, des formes protectrices, un examen régulier, un jugement, des règles invariables. Voyez le style humble et suppliant d'une pétition, et le style ferme d'une requête, et vous comprendrez la différence : un pétitionnaire croit solliciter une grâce ; un plaideur a la conscience qu'il use de son droit. On ne jouit pas de la liberté civile dans tout état, où celui en la personne duquel la loi a été violée, fût-ce par un ministre, ne peut pas se plaindre aux tribunaux.

M. le comte Berlier dit que, depuis vingt ans, on n'a cessé de parler de la division des pouvoirs : de là est venu le froissement. L'administration a cru que tous ses actes étaient étrangers à la justice. La justice, de son côté, est persuadée qu'elle ne peut rien contre l'administration. Si donc on veut attribuer à la justice un pouvoir qui doit lui appartenir, il faudra s'en expliquer dans des dispositions très-formelles ; car jusque-là elle demeurera inactive.

L'Archichancelier dit que les préfets ont un moyen sûr d'entraver la justice. Pour tout arrêter, il leur suffit d'élever un conflit, fût-il même évidemment mal fondé. Ce pouvoir est énorme. Autrefois, il fallait un arrêt du conseil pour paralyser les tribunaux, et cet arrêt même était rendu par des hommes de justice ; car les membres du conseil étaient d'anciens magistrats. La justice ne pourrait pas même, par le fait, informer contre un commis de la préfecture : le préfet le lui enlèverait par un conflit.

M. le comte Regnaud dit que les réflexions du préopinant sont d'autant plus fondées, que la commission du contentieux ne se croit autorisée à connaître que des arrêtés des conseils de préfecture, et non de ceux des préfets.

M. Guieu, maître des requêtes, dit que la commission n'hésite pas à proposer l'annullation des arrêtés des préfets, attaqués pour vice d'incompétence ; mais que, si l'on se plaint que le préfet a mal exécuté, ou n'a pas exécuté les lois, elle renvoie l'affaire au ministre pour ne pas le dépouiller de la direction qui lui appartient, et ne pas intervertir l'ordre hiérarchique.

M. le comte Regnaud dit que cette circonspection est, sans doute, très-sage, lorsque l'arrêté intéresse l'administration générale ; mais elle serait excessive, dans le cas où le préfet repousse un homme qui demande à être réintégré dans un bien qu'il prétend lui avoir été mal-à-propos enlevé par l'administration.

M. le comte BOULAY répond qu'un semblable arrêté serait incompétemment rendu.

Au reste, et pour revenir au point principal de la discussion, la juridiction des tribunaux doit être de règle générale ; celle de l'administration purement exceptionnelle.

M. le comte REGNAUD dit qu'il faut cependant prendre garde que les tribunaux n'aillent trop loin.

L'ARCHICHANCELIER dit qu'on a un remède dans le pourvoi en cassation, qui n'existait pas autrefois. Ce moyen est certainement préférable aux décisions purement administratives, puisqu'il entraîne plus de formes et un examen plus approfondi.

En général, l'opinant voudrait que le pouvoir d'annuler des arrêts fût confié au conseil d'état, lorsqu'il s'agit de l'intérêt public, et à la cour de cassation pour les affaires d'intérêt privé.

N*** dit que l'objet essentiel est de donner plus de latitude à la justice ; qu'elle puisse poursuivre indéfiniment les crimes et les délits. Il n'est pas vraisemblable que les désordres qui affligent une contrée échappent à la connaissance de trente magistrats, et il est absurde que, lorsqu'ils en sont instruits, ils se trouvent réduits à n'en être que les témoins.

M. le comte REGNAUD dit qu'il y a encore deux autres projets relatifs à la direction de l'imprimerie.

L'un étend aux journaux le droit que la direction perçoit sur les labeurs;

L'autre assujétit les entrepreneurs des cabinets de lecture à prendre, chaque année, des licences pour lesquelles ils paieraient un droit à la direction, et à ne tenir que des livres approuvés.

D'après le rapport du ministre, les dépenses s'élèvent à 356,000 francs, et les recettes ne sont que de 220,000 francs, et déjà la direction doit à la caisse d'amortissement une somme de 144,000 francs, dont le remboursement diminuera encore ses ressources. Mais, pour ne parler que de l'état habituel, il existe un déficit de 136,000 francs, qu'il faut combler. Le ministre pense que le droit sur les journaux rendra 130,000 francs; que les perceptions sur les cabinets de lecture donneront 25,000 francs; qu'ainsi les recettes monteront à 375,000 francs.

La section a considéré que le droit sur les journaux porterait principalement sur ceux qui s'impriment à Paris, et que dès-lors il aurait l'inconvénient de diminuer les libéralités que le chef du gouvernement a faites.

Toutefois, si l'on croit devoir adopter le projet que le ministre présente, il conviendrait du moins de réduire le droit.

M. le comte Regnaud fait lecture des deux projets.

Ils sont ainsi conçus :

PROJET DE DÉCRET relatif à l'établissement d'un droit sur les Journaux politiques.

Vu le décret du 29 avril dernier, qui établit un droit d'un centime par feuille d'impression, sur tous les ouvrages du domaine public, connus en imprimerie sous le nom de labeurs, et qui n'en excepte que les ouvrages de ville ou bilboquets.

Sur le rapport de notre ministre de l'intérieur,

Notre Conseil-d'Etat entendu,

Nous avons décrété et décrétons ce qui suit :

Art. 1er. Le droit d'un centime par feuille d'impression, établi par notre décret du vingt-neuf avril dernier, sur les ouvrages du domaine public, autres que les *ouvrages de ville* ou *bilboquets*, sera perçu sur les journaux de départemens autorisés par l'article premier de notre décret du trois août, et sur les feuilles d'annonces autorisées par nos décrets des quatorze décembre mil huit cent dix et vingt-six septembre mil huit cent onze.

2. Le produit de la perception mentionnée en l'article précédent, sera versé à la caisse d'amortissement, et affecté aux dépenses de la direction générale de la librairie et de l'imprimerie.

3. Nos ministres de l'intérieur et des finances sont chargés, chacun en ce qui le concerne, de l'exécution du présent décret, qui sera inséré au bulletin des lois.

PROJET DE DÉCRET relatif à l'établissement d'un droit sur les Cabinets où on loue des livres.

Sur ce qui nous a été représenté que, dans plusieurs villes, des individus sans qualité tenaient des cabinets de lecture, et donnaient à lire par abonnement des ouvrages répréhensibles et propres à corrompre l'esprit et les mœurs de la jeunesse;

Voulant éviter que de pareils abus n'aient lieu à l'avenir;

Sur le rapport de notre ministre de l'intérieur,

Notre conseil-d'état entendu,

Nous avons décrété et décrétons ce qui suit :

Art. 1er. A dater de la publication du présent décret, les cabinets où on loue des livres au mois et au volume, ne pourront être tenus que par des libraires, et en vertu d'une licence spéciale, qui leur sera délivrée par notre directeur-général de l'imprimerie et de la librairie.

La licence sera renouvelée tous les ans; elle pourra être retirée ou refusée par le directeur-général, et avec l'approbation de notre ministre de l'intérieur.

2. Ne sont point réputées libraires les personnes faisant

le commerce de livres ou tenant des cabinets de lecture, qui se seraient établies depuis la publication de notre décret du cinq février mil huit cent dix, portant création de la direction générale de l'imprimerie et de la librairie, si ces personnes n'ont pas rempli les formalités prescrites par l'article 33 dudit décret.

3. La direction générale de l'imprimerie et de la librairie n'accordera de licence à l'effet de louer des livres qu'aux libraires les mieux famés; elle fera examiner et approuvera les catalogues des livres, que les libraires, porteurs de licence, se proposeront de donner en lecture; et il est expressément défendu à ces derniers de donner à louage ou en lecture, soit chez eux, soit au domicile des particuliers, des livres autres que ceux indiqués dans leurs catalogues ainsi examinés et approuvés; à peine, contre les contrevenans, de cinq cents francs d'amende, et de suspension pendant trois mois de l'exercice de la profession de libraire, pour la première fois; et, en cas de récidive, de même amende, et d'interdiction à perpétuité; sans préjudice de plus grandes peines, suivant la gravité des circonstances.

4. Les peines portées en l'article précédent, sont applicables aux libraires, non porteurs de licence spéciale, qui seront convaincus d'avoir donné des livres à louage ou en lecture, soit en leur domicile, soit à celui des particuliers, par souscription ou autrement.

5. Les individus, autres que des libraires, qui auraient été surpris en contravention à l'article précédent, seront condamnés à cinq cents francs d'amende, et, en cas de récidive, à la même amende, et à un emprisonnement dont la durée ne pourra excéder un an, ni être moindre de quinze jours.

6. Les contraventions aux dispositions du présent décret seront constatées par les inspecteurs de l'imprimerie et de la librairie, qui dresseront procès-verbal de la nature, des circonstances et dépendances des contraventions. Le procès-verbal sera adressé au directeur-général.

7. Nos procureurs-généraux ou impériaux sont tenus de poursuivre d'office, dans tous les cas prévus au présent décret, sur la simple remise qui leur sera faite de la copie des procès-verbaux dûment affirmés.

8. Chaque libraire, autorisé à louer des livres pour la lecture, paiera un droit de licence annuelle qui est fixé à cinq cents francs pour Paris, trois cents francs dans les villes au-dessus de vingt mille âmes, deux cents francs dans les villes au-dessous de vingt mille âmes jusqu'à dix mille ames, et cent francs au-dessous de dix mille âmes. Le droit sera acquitté par trimestre, et d'avance. A défaut de paiement, la licence sera retirée.

9. Le produit des licences sera versé à la caisse d'amortissement, et affecté aux dépenses de la direction générale de l'imprimerie et de la librairie.

10. Nos ministres de l'intérieur et des finances sont chargés, chacun en ce qui le concerne, de l'exécution du présent décret, qui sera inséré au bulletin des lois.

N*** dit qu'il s'étonne qu'on veuille réduire la France entière au régime des couvents. On irait jusqu'à défendre les livres qui sont dans les mains de tout le monde, et que tout le monde est en possession de lire.

Ce n'est pas tout : comment ose-t-on proposer de rendre incertain, chaque année, l'état des entrepreneurs de cabinets littéraires, de les obliger de retrancher ceux des livres de leur établissement, qu'ils ne justifieront pas être de bons livres, et qu'ils ne pourront pas faire comprendre dans le catalogue? Et qui sera juge de ces questions? On nommera apparemment des théologiens pour examiner les livres!

Ces gênes, ces vexations ne sont point du tout dans les intentions du chef du Gouvernement. Le prétexte qu'on allègue pour les établir, ne les justifie point: si la direction ne peut pas, avec 300,000 francs, suffire à ses dépenses, il faut la supprimer.

M. le comte Regnaud observe qu'actuellement la police fait tout ce qu'on vient de blâmer.

M. le comte Réal dit que M. Regnaud est dans l'erreur.

M. le comte Regnaud dit qu'il a vu une liste des livres supprimés par la police.

N*** demande qui a fait cette liste.

M. le comte Regnaud répond qu'il l'ignore.

N*** dit qu'il serait absurde d'ôter des cabinets particuliers des livres que chacun peut aller lire à la bibliothèque publique.

M. le comte Regnaud propose de faire un avis conforme aux intentions que le chef du gouvernement vient de manifester.

M. le comte Molé pense qu'il vaudrait mieux garder entièrement le silence.

M. le comte Réal dit que le code pénal oblige la police de faire enlever les images obscènes; qu'il en doit être de même des ouvrages licencieux.

Dans tous les cas, il ne conviendrait pas de proclamer, par un acte solennel, la liberté de tout lire : ce serait aller trop loin.

M. le comte Regnaud dit qu'il n'a pas vu l'instruction donnée à ce sujet par la police, mais qu'il est certain qu'elle arrête les livres qu'il lui plaît de supprimer.

M. le comte Réal nie ce fait.

M. le baron de Pommereul dit que la suppression ne porte que sur les ouvrages qui blessent les mœurs.

N*** approuve qu'on empêche les mauvais

livres de pénétrer dans les lycées; mais que, hors de là, on laisse chacun lire ce qu'il veut. Pourquoi la police se mêle-t-elle de diriger les consciences? Cet amour extrême de la police pour le bon ordre, devient une véritable tyrannie?

C'est d'ailleurs, donner trop d'importance aux mauvais livres, que de les poursuivre partout. Il n'y a pas de moyen plus sûr de les faire valoir. L'opinant ne connaît pas les œuvres de Parny, et n'entend pas les approuver; mais la suppression de cet ouvrage n'était propre qu'à éveiller l'attention, piquer la curiosité, et peut-être le faire réimprimer clandestinement. Le peuple ne lit point Parny, qu'importe qu'il soit dans les bibliothèques. Cependant il serait mauvais qu'on en eût autorisé formellement la lecture dans un catalogue. Il fallait laisser passer le livre sans l'apercevoir, et personne n'y aurait pris garde.

Le fait est qu'il faudra en venir à supprimer la direction de l'imprimerie. Elle s'arroge et perçoit une foule de petits droits, qui vexent et qui tourmentent. A quoi bon mécontenter, pour obtenir une augmentation de cinquante mille francs dans les recettes?

Au surplus, N*** ne redoute pas l'instruction. Ce n'est pas là ce qui a bouleversé la France. Sous Louis XIV, on savait tout ce qu'on sait aujourd'hui, et néanmoins le royaume n'a pas été agité. La révolution n'est venue que de la faiblesse et de l'ineptie de l'ancien gouvernement.

Il est nécessaire que la direction de l'imprimerie prenne des idées plus libérales. On sent maintenant tous les abus de cette institution. De toutes parts, on se plaint que la direction retient, mal-à-propos, et aussi longtemps qu'il lui plaît, les ouvrages ; qu'elle les arrête arbitrairement. Elle devrait savoir que la censure n'est établie que contre les libelles qui provoquent à la révolte ; qu'elle laisse parler librement sur le reste ; qu'elle souffre les caprices de la presse. Il est fort égal à l'Etat qu'un extravagant vienne dire, par exemple : que c'est Louis XI qui a fait la révolution.

Enfin, il faut donner à la direction le moins de fonds qu'on pourra. L'opulence ne servirait qu'à lui faire commettre plus de fautes et de vexations.

M. le baron DE POMMEREUL observe que la direction doit 144,000 francs, qu'elle ne pourra point les payer, si on ne lui donne pas de ressources nouvelles.

N*** dit qu'il se charge d'acquitter cette dette.

Ne semble-t-il pas que le gouvernement de la France soit celui d'un petit Prince qui, pour solder quelques dépenses, a besoin de faire ressource, et d'arracher à ses vassaux un centime de plus?

M. le comte Regnaud observe que, cependant, on ne pourra s'empêcher d'augmenter les fonds. Le ministre prouve que les recettes ne suffisent pas aux dépenses habituelles.

N*** dit qu'il n'accordera pas d'augmentation, parce qu'il ne veut pas que la direction ait trop de soldats. Multiplier ses agens, ce serait multiplier les abus. Pour masquer leur inutilité, ces hommes imagineraient des vexations nouvelles. Qui sait si, n'ayant rien à faire, ils ne s'aviseraient pas d'aller visiter les bibliothèques des particuliers?

Ce sont toutes ces mesures extraordinaires, qui font tant d'ennemis à la direction. Veut-elle les augmenter encore en attaquant les cabinets de lecture, en rendant, chaque année, l'existence de ces établissemens incertaine? On réglemente beaucoup trop. Il est beaucoup de choses qu'un gouvernement sage abandonne à leur cours naturel. L'amour du mieux n'enfante pas toujours le bien; et les innovations sont rarement heureuses. Par exemple, on a cru utile de réduire le nombre des imprimeurs : qu'en est-il résulté ? Qu'on a écarté les meilleurs. Il fallait laisser les choses comme elles étaient : tant pis si quelques imprimeurs mouraient de faim.

LES PROJETS SONT RETIRÉS.

FIN.

www.ingramcontent.com/pod-product-compliance
Lightning Source LLC
LaVergne TN
LVHW011947220826
846092LV00001B/112